너무나 정밀한 인체

대한과학진흥회 _엮음

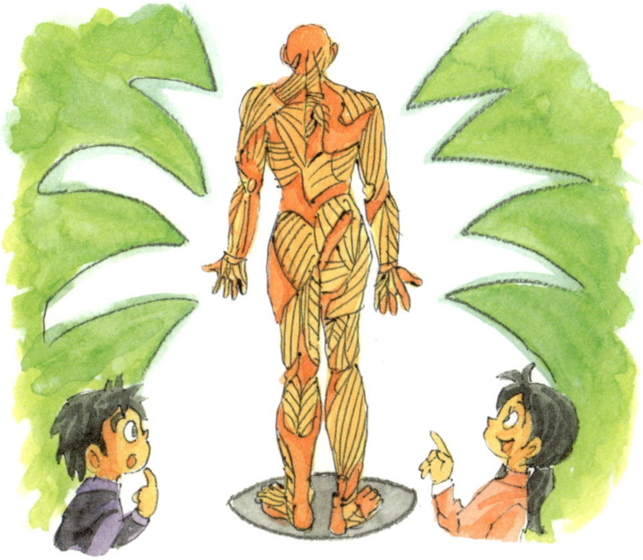

스완미디어
SWAN MEDIA

책 머리에

오늘날 우리들은 고도로 발달된 과학 문명의 혜택 속에 살고 있습니다.

우리의 선진 조국 창조를 위해 무엇보다 중요한 것이 과학기술의 개발입니다. 특히 자원이 부족한 우리나라에서 가꾸어야 할 유일한 자원은 과학 기술로 무장한 풍부한 인력 자원입니다.

대한 과학 진흥회에서는 배우는 학생들을 위해 사물을 깊이 관찰하는 습관과 합리적이고 창의적인 과학적 사고를 심어 주기 위한 방법의 하나로 과학 문고를 엮어 내고 있습니다.

과학 문고를 펴냄에 있어서 딱딱한 과학지식을 그림을 곁들여 쉽고 재미있게 이야기로 풀어 써서 학생들이 스스로 원리를 발견하고 재미를 느끼게 함으로써 과학의 여러 분야에 대하여 흥미를 갖고 접근할 수 있도록 하였습니다.

이 책과 더불어 많은 학생들이 과학에 깊은 관심을 갖고 탐구심과 창의력을 기르며 과학을 생활화 할 줄 아는 사람이 되는데 많은 도움이 되었으면 하고 바라는 마음 간절합니다.

기획편찬 **대한과학진흥회**

차례

너무나 정밀한 인체 · 16

영원한 수수께기 인간의 고향 · 23

인류 사회와 인종 · 30

생명의 뿌리 세포 · 37

사람의 나이와 생명 · 43

성장과정과 속도 · 50

두뇌의 기능과 작용 · 57

신비의 물체 호르몬 · 63

피부의 생리와 기능 · 70

콩팥과 간의 협조 · 76

목소리와 변성기의 함수 • 82
피로를 느끼는 이유 • 89
식사와 배고픔의 반응 • 95
침과 음식물의 소화 • 101
목마름과 딸꾹질 • 107
신비한 오감과 상상력 • 113
조직의 그물인 신경계 • 119
본능과 통제의 조화 • 126
지난일의 기억과 상실 • 133
신비의 결정체인 눈 • 139
깜박거리는 눈과 눈물 • 145
사람의 눈과 물체의 상 • 152
색깔 구별과 색맹 • 158

너무나 정밀한 인체

이 세상 모든 물질은 조물주가 만들었다고 한다. 조물주는 우주 간의 만물을 만든 신을 가리킨다. 과연 이 조물주가 있었는지, 있었다면 언제, 어디서 있었는지 알 수가 없다. 다만 조물주에 의해 우리 인간도 생기고, 동·식물도 생겨났다고 보는 것이다.

조물주의 존재 이유를 떠나서, 자연의 최고 걸작은 인간이다. 인간처럼 고상하고 정밀한 기계 장

치는 없다.

사람에 견줄만한 기계를 생각해낸 사람도 없었고, 그런 기계는 고안해낸 사람도 없으며, 그런 공상 과학 소설을 쓴 작가도 없다.

트랙 선수가 100m을 10초대에 달리고, 마라톤 선수들이 42.195km의 풀코스를 2시간 10분대에

달리며, 프로 야구의 초특급 투수들이 시속 150km대의 강속구를 던져 대지만, 그들 개체는 어디까지나 인간이다.

지금 컴퓨터나 로봇이 여러 가지 복잡한 작업을 대신 처리해주고 있어 현대의 첨단 기계로 각광을 받지만, 인간을 초월하지는 못한다.

이 세상에서 사람처럼 정밀한 기계가 있다면 인간의 일은 그만큼 덜 수가 있을 것이다.

사람의 몸이 얼마나 정교한 고급 정밀 기계라는 것은 무한대로 뻗어 가려는 두뇌의 작용을 다음으로 하더라도 순환계에 버금가는 것도 없다.

인간이 살아있는 한 1분마다 심장은 4.5ℓ 의 혈액이 사람의 몸 속 10만km에 이르는 동맥과 정맥 및 모세혈관을 이동한다.

야구나 축구, 복싱 등 격렬한 운동을 하고 있는 동안에는 14ℓ 의 혈액이 몸 안을 흐른다.

성인의 몸 안에는 4~5ℓ의 혈액이 들어 있다. 남

자는 평균 5ℓ 이며, 25조개나 되는 적혈구가 있어서 산소를 우리 몸 구석구석에 전달하고, 250억개의 백혈구가 있어서 질병과 싸우며 건강을 지켜준다.

어떤 종류의 백혈구는 그 수명이 겨우 12시간 정도에 지나지 않으나, 적혈구의 수명은 120일이나 된다. 같은 피로 우리 몸속을 흐르고 있지만, 이렇게 차이가 있는 것이다.

모세혈관은 우리 몸의 모든 조직을 그물처럼 이어주고 있는 가느다란 혈관인데, 모세혈관을 통틀어 6,000㎡의 들판을 덮을 수 있을 정도의 표면을 가지고 있다.

이러한 모세혈관이 동시에 모두 열려 있는 것이 아니라, 다양하게 열렸거나 닫혀 있다. 만일 모세혈관이 동시에 모두 열려 있다면, 인체 안의 모든 혈액은 늪지대에 빨려 드는 홍수처럼, 순식간에 모세혈관 속으로 빨려 들고 말 것이다.

우리 몸 안에서 항상 혈액을 필요하게 여기는 곳은 허파이다. 허파 안의 모세혈관은 호흡 작용에 의해 흐르는 피를 여과하고 정화시킨다.

사람이 일생동안 호흡을 하는 것도 놀라운 회수가 된다. 지금까지 나타난 인간의 일생 동안 평균 호흡은 5억 회에 이른다.

우리 몸의 60%가 물이고, 이를 분량으로 쳐서 40ℓ 에 이르며, 무게로는 체중의 평균 60%에 해당한다. 그런데 혈액은 고작 10% 정도에 지나지 않는다.

사람의 몸은 이 외에도 여러 가지 물질들을 골고루 갖고 있다. 비누 7개에 해당하는 지방과, 작은 곳간 하나는 칠할 정도의 석회, 13kg의 코크스와 맞먹는 탄소, 성냥 2,200개비 분량의 인, 2.5㎝짜리 못에 해당하는 철, 한 숟가락 정도의 유황과 30g의 비철 금속들이 우리 몸 안에 들어 있다.

이렇게 사람의 몸은 기이하고도 잡다한 성분을

고루 갖추고 있다. 그러나 이 가운데 어느 하나라도 필요한 양만큼 들어있지 않거나 없으면, 인체는 제 기능을 다 할 수 없다. 본래대로 능률적인 활동과 기능을 발휘할 수 없게 된다. 그만큼 정밀기계인 셈이다.

영원한 수수께끼 인간의 고향

인간의 탄생에 대해서는 그 사실이 하도 오래된 일이기 때문에 이렇다 할 증거가 없다. 종교적으로는 종교마다 여러 가지 전설이 있지만, 이것도 물론 과학적으로는 믿을만한 것이 못된다.

지금까지 통설적인 이야기로는 신이 이 세상을 창조할 때 인간을 만들었다는 것이 인간의 뿌리를 찾아보는 길이 되고 있을 뿐이다.

그러나 인간은 처음부터 신에 의하여 만들어진

것도 아니고, 또 하늘에서 내려온 것도 아니다.

사람이 두 다리로 땅을 걷기 시작한 것은 100만 년 전이라는 학설이 있다. 인간은 처음부터 두 다리로 걷지 않았을지도 모른다는 생각을 갖고 있다. 그러나 네 다리를 가졌을 때는 사람으로 보기 어렵고, 적어도 두 다리로 걷기 시작한 직립원인을 인간의 시초로 보려는 것인데, 이것이 100만 년 전쯤일 것이라는 주장이다.

그 당시의 인간은 원래 원시적인 것에서 진화했을 것이라는 이야기이다.

또 인간은 맨 처음에는 원숭이였다가 그 뒤에 차차 인간으로 변했을 것이라는 이야기도 있다. 그러나 현재의 원숭이가 인간의 조상이라는 뜻은 결코 아니다. 다만 원숭이가 거의 사람과 같은 모습이므로, 사람의 조상이 원숭이일 것이라는 학설이다.

만일 원숭이가 사람의 조상이라면, 원숭이는 모두 사람의 세계로 들어왔어야 할 것이다. 그러나 원숭이와 사람은 비슷한 점이 많은 반면, 근본적으로 다른 곳도 많다.

바꾸어 표현하면 인간은 인간대로 진화했고, 원숭이는 원숭이대로 진화했지만, 지금의 원숭이를 아무리 오래 길러도, 또 인간처럼 가르쳐도 결코 인간으로 변하지는 않으며, 원숭이 그 자체로 남아 있을 뿐이다.

그렇다면 인간과 원숭이가 같은 조상에서 태어났고, 공동조상의 후손들이라고 생각하는 그 조상은 과연 무엇일까.

이런 가정을 갖고, 공동 조상을 추적하고자 거슬러 올라가면, 그 이전은 파충류, 또 그 이전은 양서류, 다시 그 앞에는 어류, 또 그 이전에는 단세포 생물의 시대였다.

그러면 그 단세포 생물은 어떻게 하여 지구에 생겨났을까?

이 문제는 생명이라는 것이 어떻게 하여 탄생했으며, 어떤 경로로 발생하였을까 하는 의문을 제시해 준다.

생명이 어떤 경로로 지구상에 탄생하였을까 하는 문제에 관하여는 금세기 초기까지 원소가 모여 덩어리진 가운데에서 어떤 일이 생겨 그것이 갑자기 생명의 발생 원인으로 되었다고 믿어왔다.

그러나 반세기 전부터 생명은 지구상의 어떤 물

질이 진화하여 생겼다고 하는 학설로 바뀌게 되었다.

그리고 지금 현재에는 새로운 생명을 창조하겠다는 연구까지 나왔다. 이런 일들에 대해서는 아직도 확실하거나, 확증할 만한 근거나 자료가 없어 결단을 못 내리고 있을 뿐이다.

비교적 많은 학자들의 공통된 생각은 지구는 우주에 떠 있는 가스와 먼지의 큰 덩어리로 되어 있고, 이러한 물질 가운데서 수소 또는 간단한 유기물이 포함되어서 이런 유기물질이 생명의 원소, 또는 근본 재료가 된 것이 아니냐는 이야기이다. 이 학설에 따르면 지구가 자꾸 오그라져 가는 데에 따라 내부에서 발생한 것이 바다와 육지를 만들었고, 동시에 간단한 유기물질이 차츰 복잡하게 진화되어 단백질이 생겨 마침내 바다를 무대로 하는 생명이 발생했다는 것이다.

이 생명이 바로 지금으로부터 60억 년 전 지구

에 나타났다는 것이다. 그 뒤에 일은 아직도 연구 중이지만 워낙 사실적 자료가 없기 때문에 계속 수수께끼 속에서 잠을 자고 있는 셈이다.

인류 사회와 인종

이 세상에는 수많은 인종들이 모여 산다. 한 인종끼리 한 국가를 이루고 사는 경우도 있고, 여러 인종이 모여 사는 다인종 국가도 있다.

우리나라는 단일 민족이 모여 산다. 우리나라처럼 단일 민족이 모여 사는 나라는 많지 않다.

인류를 체질의 특색에 따라서 분류한 종류를 우리는 인종이라고 한다. 따라서 한 인종은 같은 특색을 지니게 마련이다.

과학자들이나 인류학자들은 자기들이 발견한 증거를 바탕으로 하여 현재의 모든 인류는 공통의 한 조상으로부터 태어났을 것이라고 믿고, 주장하고 있다.

어떤 전문가는 인류의 공통된 조상이 오늘날의 인간과 매우 비슷하게 닮은 형태로 틀림없이 아시아에서부터 발생하여 여러 대륙으로 이동하였을 것이라고 생각하고 있다.

또 다른 학자들은 인간이 지구상에서 최초부터 몇 군데에 모여 살기 시작한 것이, 그 시기적으로는 다소 차이가 있지만, 그 뒤에 서로 피가 섞여서 오늘날과 같은 인류가 되었다고 믿는다.

지구에 인류가 나타난 것은 지금으로부터 약 50만 년 전에 인류의 조상들이 중앙아시아에서 작은 무리를 이루고 생활을 시작했을 것이라고 보고 있다.

이처럼 작고 고립된 무리 사이에서 일찍부터 머리의 형태나, 체격의 골격, 눈이 움푹 들어간 정도, 몸의 생김새 등에 차이가 나타났다.

약 30만 년 전에는 이들이 그때까지 살던 곳에서 보다 살기 좋은 새로운 터전을 찾아 북쪽이라든가, 동남쪽을 향해 이동하기 시작했다.

이러는 사이에 세월이 흘러가면서 인류는 점점 더 넓은 지역으로 퍼져 나가게 되었으며, 각각 다른 방향으로 발전하게 된 것이다.

그러나 그 뒤에도 가끔 다른 종족끼리 서로 만나 결혼을 하고 아이를 낳아 기르면서 피가 섞이게 되면서 인종은 늘어났다.

근대의 인류학자들은 인류에 커다란 세 가지 구분, 즉 세 가지의 인종으로 구분하고 있다. 그 하나는 코카소이드라고 하는 인종으로 코카서스 산맥에 사는 사람들과 닮은 인종이다. 이들은 옛날에는 전형적인 백색 인종으로 여겼었다. 또 하나의 인종은 몽골로이드라고 하여 아시아의 몽고인이 그 대표적인 것이었으며, 나머지 하나는 니그로이드라고 하여 아프리카의 밀림 속에 사는 흑인과 같은 인종이었다.

이 세 가지의 인종이 피가 섞이면서 다시 인종은 늘어났다. 얼마 전까지만 하여도 학자들은 피부의 빛깔을 바탕으로 해서 인간을 5개의 그룹으로 나누었다.

그 결과 코카서스 인종인 백색 인종, 몽고 인종

인 황색 인종, 말레이 인종인 갈색 인종, 니그로 인종인 흑색 인종, 아메리칸 인디언인 적색 인종의 다섯 가지로 구분되었다.

그러나 오늘날에는 이렇게 분류하지 않고 있다. 그것은 피부의 빛깔만으로 어느 사람이 어떤 인종에 속하는가를 확실하게 결정할 수가 없기 때문이다.

또 머리의 형태라든가 머리카락의 구조, 코의 모양, 혈액형 등의 특징도 어느 하나만 가지고는 그 사람이 어느 인종에 들어간다고 결정할 수가 없다.

인종의 구분은 적어도 몸의 여러 가지 특징을 모두 자세하게 살펴서 종합적으로 판단을 해야만 되는 복잡한 것이다.

바꾸어 말하면 인종이라고 하는 것은 다른 사람들과 구별되는 일련의 특징을 조상으로부터 물려받아 지키면서 한 그룹의 사람들과 같은 생활 습관, 문화 양식을 지니고 있는 사람들을 일컫는 것에 지나지 않는다.

더구나 국제 사회 시대로 접어든 현대 사회에서는 하나의 인종을 따져보는 것이 그렇게 큰 의미가 없는 실정이 되었다.

생명의 뿌리 세포

사람은 누구나 귀중한 생명을 갖고 있다. 이 세상에 생명이 없는 사람은 아무도 없는 것이다.

사람은 너나 할 것 없이 모두가 한 때는 갓난아이였다. 이 아이가 자라서 어른이 되고, 할아버지나 할머니가 되어 세상을 떠난다.

그런데 한 가지 분명한 사실은 학생이나 선생님, 할아버지나 할머니 그 누구를 가릴 것 없이 그의 어머니로부터 세상에 태어났다는 것이다. 그리고

자라서 소년기를 거쳐 청년이 되고 어른이 된다는 사실이다.

사람은 누구나 아이가 자라서 어른이 된다는 것을 잘 알고 있다. 이 자라는 것을 성장한다고 표현하고 있다. 따라서 한 아기가 어머니로부터 태어나 어른이 될 때까지 여러 해를 거듭하면서 꾸준히 성장한다.

자람은 몸만 커가는 것이 아니라, 몸도 자라고 정신도 성장하면서 어른이 되어 가는 것이다.

사람이 어머니 배 속에서 만 아홉 달, 날수로 계산하여 280일 동안 자란 뒤, 세상에 태어난다. 사람의 몸은 눈으로 확인 할 수 없는 아주 작은 세포들로 이루어져 있다. 현미경 같은 것으로 보아야만 보이는 작은 세포들이 우리 몸 안에 어마어마하게 많이 모여 있다. 그 숫자가 너무나 엄청나서 이루 헤아릴 수 없을 정도이다.

우리 머리 하나만 생각할 때, 머릿속에서 핀 크기만한 곳에만 2만개 정도의 신경 세포가 있을 정도이다.

우리 몸 전체의 신경 세포는 무려 100조개 정도나 된다.

세포는 그들이 모두 그 나름대로의 일을 하게 되어 있다. 그들이 모여서 함께 같은 일을 하는데 그렇게 모여서 만들어진 것이 곧 우리의 눈이며 귀

이고 심장인 것이다.

우리 몸의 갖가지 구조들이 모두 세포의 조직 집합체인 셈이다.

그런데 우리 몸에 100조개의 신경 세포를 갖고 있는 우리들의 몸이 놀랍게도 단 하나의 세포로 시작되었다는 일이다.

우리가 생각해 볼 때 사람은 누구나 단 한 개의 세포로 시작되어 성장했다는 엄연한 사실을 알게 되면, 모두가 생명의 신비에 다시 한 번 감탄할 수 밖에 없다.

인간의 생명을 만들어준 단 하나의 세포를 알세포 즉 난자라고 부른다. 그것은 날카로운 핀 끝으로 꼭 찍은 한 점처럼 작은 것이다. 사람은 누구나 이 한 점 세포로부터 생명을 이어받아 어머니 몸 안에서 자라 세상에 태어난 것이다.

처음에 그 한 점 크기만 한 세포가 둘이 되고, 그것이 다시 넷이 되고 다시 여덟으로 배수 증가

하면서 점점 커지고 늘어난다.

이 세포들이 각기 특색 있는 구조와 기능을 하면서 우리의 성장과 활동을 돕는다.

어머니 배 속에 있을 때 우리 몸 안에서 불어나

는 세포는 염통이 되고 위장이 되며, 뼈, 허파, 콩팥, 그리고 질기고도 고운 피부가 되는 등 우리 몸의 형태를 갖추는 것이다.

이처럼 세포가 하는 일이 특수하기 때문에 이를 세포조직이라 하지 않고 기관이라고 한다.

이렇게 어머니 배 속에서 몸의 기관을 다 만들어 3kg 정도의 무게가 되면 세상으로 태어나 하나의 인간이 되는 첫 출발을 한다.

사람뿐만 아니라 이 세상의 모든 생물은 모두 세포로 되어 있다. 세포의 크기는 대개 10~30 미크론이다. 1미크론은 1000분의 1㎜이므로 현미경이 아니면 볼 수가 없다.

이 하나 하나의 세포는 원형질이라고 하는 끈적끈적한 물질로 이루어져 있다. 그 속에 핵이라고 하는 공과 같은 모양의 덩어리가 있다.

사람의 나이와 생명

사람과 나이, 탄생과 죽음은 누구에게나 어쩔 수 없는 숙명적인 것이다. 옛날 고대 로마 시대에는 사람의 평균 수명이 23살 밖에 되지 않았다. 그리고 지금으로부터 100년 전까지 만해도 사람의 평균 수명은 40세 밖에 되지 않았다. 오늘날 평균 70세에 비하면 너무나 짧은 것이었다.

사람은 누구나 거의 다 행복하게 오래 살기를 원한다. 빨리 늙어서 노인이 되고 싶어 하는 사람은

아무도 없다. 그러나 그것은 어디까지나 희망사항일뿐 누구에게나 그런 조건이 적용되거나 따라 주지는 않는다.

태어나면서부터 해가 지나갈 때마다 나이는 하나씩 먹게 마련이다. 나이를 먹고 늙어서 죽게 되는 것은 사람의 일로만은 어쩔 수 없는 자연의 섭리인 것이다.

사람이 늙는다는 것은 태어나면서부터 동시에 시작되어 일생동안 계속되는 생활의 과정이다.

사람이 나이를 먹으면 늙는다고 하는 것은 누구나가 다 아는 사실이며, 숨기거나, 막을 수도 없는 노릇이다.

나이를 먹는다는 것은 늙어 간다는 과정이며, 몸의 모든 활동이나 반응이 느려진다. 그리고 몸의 힘은 약해지고 감각은 둔해 진다.

보통은 몸무게도 줄게 되고 키도 약간 작아진다. 시력도 약해지고 귀도 멀어지며 머리는 하얗게 세고 피부는 탄력을 잃고 느슨해진다.

모든 사람이 똑같은 빠르기로 똑같이 성장하고 똑같이 늙어가는 것은 결코 아니지만, 나이를 먹게 됨에 따라서 찾아오는 신체상의 변화는 피할 수 없는 노릇이다. 왜냐하면 그런 변화는 몸의 모든 조직과 모든 기관에서 일어나는 현상이기 때문이다.

사람이 나이가 들면 콩팥이나 간·이자·지라 등의 조직세포가 늙어 쇠약해지기 시작한다. 이것은 핏줄이 늙어서 젊은 시절과 같은 피와 양분을 몸 여러 곳에 제대로 보내주지 못하기 때문이다. 그 밖에 갑상 샘이나 내분비 샘도 마찬가지로 활동이 약해진다.

사람이 종교 생활을 깊게 하면 죽어서도 그 영혼은 살아있다고 믿는다. 그러나 그것은 종교적 신념일 뿐이며 죽음 뒤의 일은 아무도 모른다.

학자들이 연구하는 숙제가 바로 동물, 아니 생명을 가진 동물은 반드시 죽느냐 하는 것이다.

병이나 어떤 사고 때문에 죽는 일은 별도로 하고, 나이가 들어 자연히 목숨을 잃는 것을 생각해 보면, 문제가 달라진다. 여기서 학자들이 의문을 내놓고 있다.

사람인 고등 동물은 일단 나이가 들어 죽는다고 해도 그 자손들이 살아남아 있으므로 생명은 영원

하다는 생각이다.

그러나 보통 죽음이라는 것은 자손을 남기는 일과는 별도로 따지고 그 생명의 활동이 정지되는 일을 뜻한다.

사람마다 나름대로 수명이라는 것이 있어서 나이가 들면 모든 활동이 정지된다는 것이다

우리 몸의 세포는 어떤 일정한 시간이 지나면 늙어서 그 활동이 둔해지게 된다. 그리고 몸을 이루고 있는 여러 기관과 조직의 모습이 변화하거나 동작이 약해지기도 한다.

몸을 움직이는 힘도, 소화를 시키는 활동도, 피를 순환시키는 일도 모두 그렇다. 호흡과 신경의 활동 그 밖의 모든 활동이 약해진다.

이렇게 해서 결국은 몸의 활동이 중지되어 버리는 것이다. 다시 말하면 행동의 중지는 죽음을 의미한다.

고등 동물일수록 몸의 조직은 복잡하다. 생명을

유지하기 위하여서는 몸의 모든 기관이 잘 조화되어 순조롭고 활발하게 움직여야 한다. 이것이 생명을 보호하는 기본적 조건이다. 어느 한 기관의 세포가 노쇠하면 몸 전체의 미묘한 조화가 무너진다.

성장 과정과 속도

생물은 어느 것이나 다 자란다. 자람이 없는 생물은 없다. 생물은 태어나서부터 시간이 지남에 따라 몸집이 커지고 그 형태와 구조가 변하여 활동하는 능력이 발달하게 된다.

생물을 자라게 하는 원동력은 본래부터 생물체 안에 갖추어져 있다. 이것을 유전이라고 한다.

사람을 비롯해서 동물에게는 성장하는 데에 몇 개의 단계가 있다. 사람으로 말하면 태아~유아~

소년~장년~노년기로 변하는 것이다.1

생물 중에는 어린 아이에 해당되는 시기가 전연 없는 것도 있다. 어떤 새는 알에서 깨어나자마자 곧 날기도 하며, 마르모트는 태어나서 3일이면 혼자서 먹이를 찾아 먹는다.

그러나 사람은 태어나서 20년이 지나야만 비로소 어른의 첫 문에 들어선다.

갓난아이는 태어날 때부터 나중에 사용하게 될 신경 세포를 모두 갖고 있다. 이 세포는 일생 동안 변하지 않는다. 이것은 골이나 등골을 중심으로 하여 몸 전체에 퍼지게 된다.

신경 세포의 작용은 점점 발달하게 되어 운동도 잘 할 수 있게 되고, 학교에서 공부도 잘 하게 되며, 다른 사람과도 협조하여 사회생활도 잘 할 수가 있게 되는 것이다.

그러므로 사람이 성장하는 과정은 모두 비슷하지만 그래도 개인차가 많이 있다. 소년이나 소녀들은 모두 같은 성장 과정을 지나게 된다. 그러나 성장하는 속도는 사람마다 각기 다르다.

사람이 한 평생 동안 가장 빠르게 성장하는 때는 태어나서부터 몇 주일 동안이다. 그러다가 1년쯤 지나면 성장 속도가 아주 둔해진다. 이때부터의 성장 속도는 태어나서부터 몇 주째에 비하면 느리기 짝이 없다.

그러나 그 다음에 다시 성장 속도가 빨라진다. 이렇게 성장 속도가 다시 빨라지는 것은 여자의 경우 11세부터 13세까지 사이에 시작되고, 남자의 경우는 12세부터 14세까지의 사이에서 시작된다. 그래서 한 동안 성장하는 속도가 계속해서 빨라져 최고 속도에 달한다.

그러다 차츰 성장하는 속도가 다시 느려지다가 나중에는 결국 자라지 않고 성장이 멈추게 된다. 이때까지 키는 모두 자라고 만다.

키가 크는 것과 몸무게가 느는 것은 교대로 일어나는 경우가 많다. 처음 한동안은 키가 자라다가 그 다음은 옆으로 몸이 자란다. 대개의 경우 11세에서 12세까지의 사이에 옆으로 성장하여 몸이 통통해진다. 그러다가 그 뒤는 키가 무럭무럭 자라면서 몸은 훌쭉하고 날씬해지게 된다.

갓 난 아기의 키는 평균 50㎝ 정도이다. 그러나 20년쯤 지나면 170㎝ 안팎으로 커진다. 그런데 사람의 키는 왜 계속해서 언제까지나 자라지 않고 일정한 나이가 되면 성장이 멈추는 것일까.

우리 몸 안에는 내분비 샘이라고 하는 호르몬을 내어 보내는 샘의 조직이 있다. 이것이 우리들의 성장을 조절해 준다. 호르몬은 아주 적은 양으로 몸 안의 여러 가지 작용을 조절하고 있다.

사람은 갑상샘, 골밑샘, 가슴샘을 갖고 있다. 그리고 남성과 여성의 차이가 생기게 하는 성샘이 있다.

골밑샘이 지나치게 활동하면 팔과 다리가 지나치게 길어지고, 손가락과 발가락도 비정상적으로 커지게 된다. 반대로 골밑샘이 제대로 활동하지 못하면 난장이가 되고 만다.

갓난아기는 커다란 가슴샘을 갖고 태어난다. 가슴샘은 자라면서 점점 커지기 시작, 13세~14세쯤 되면 차츰 오므라들기 시작한다.

사람이 22세쯤 되어 성적으로 성숙하게 되면 몸의 성장은 멈추게 된다. 사실상 우리들의 키는 25세를 지나서도 조금씩은 자라서 35세~40세쯤 되었을 때 키가 가장 크고, 그 뒤는 10년에 1㎝ 정도씩 줄어든다.

두뇌의 기능과 작용

첨단 과학의 발달로 쓰기 편하고 간편한 컴퓨터가 많이 개발되었다. 지금은 생각하고 판단하는 기능까지 갖고 있는 제5세대 컴퓨터를 개발하고 있다.

그러나 이것은 인간이 만든 것으로서, 사람의 머리 이상 갈 수는 없다. 이 세상에서 가장 정확하고도 복잡한 컴퓨터는 껍데기를 깐 호두알을 확대시켜 놓은 것 같은 모양을 한 인간의 두뇌이다.

무게는 단지 1,400g정도, 회백색 물체로 이루어진 것이 바로 인간의 사령실인 두뇌이다.

우리가 살아있는 동안에 하는 모든 행위는 모두 이 뇌 속에 수십억 개의 구성 요소에 의해 통제되고 있다.

이 뇌는 그야말로 눈 깜짝할 사이에 수천 개의 회로를 접촉시킬 수 있는 능력을 가지고 있다.

이러한 작용을 해내는 개개의 단위가 뉴런이라고 불리는 신경 세포이다. 이 신경 세포는 아직도 그 깊이를 헤아릴 수 없는 뇌의 능력을 지닌 기본 단위인 것이다.

뉴런이 얼마나 작다는 것은 실감이 나지 않을 정도다. 뾰족한 바늘 끝에 수백 개씩 올라앉을 수 있는 정도로 아주 작은 것이다.

이 뉴런이 전기의 충격을 전달하기도 하고, 신경 조직을 따라 달리는 지시를 보내기 위한 동력을 만들어 내기도 한다.

이들 충격은 하나의 신경 섬유로부터 다른 신경 섬유로 옮겨 가면서 뇌로부터의 지시를 여러 곳에 전달해 준다.

생각하고 판단하는 행동의 통제실이라고 할 수 있는 인체의 중추 신경계는 뇌뿐만이 아니라, 척수도 포함된다. 이것은 뇌로부터의 지시와 우리가 가지고 있는 모든 감각을 연결시키는 역할을 한다.

겉으로 나타나는 뇌의 가장 두드러진 모습은 대뇌를 구성하고 있는 2개의 부드러운 반구이다. 이 반구들은 서로 거울에 비치는 상처럼 대칭을 이루고 있다. 오른쪽 반구는 인체의 왼쪽 운동과 감각을 다스리고, 왼쪽 반구는 사람 몸의 오른쪽 운동과 감각을 지배한다.

운동과 감각이 서로 교차하는 것은 대뇌 반구의 통제실에 출입하는 신경 경로들이 서로 엉켜 있기 때문이다.

뇌의 겉 부분을 덮고 있는 회색 껍질 밑의 하얀 물질이 두 대뇌 반구를 이루고 있다. 뇌량이라고 부르는 연결조직이 두 반구 사이의 교량 구실을 하고 있다.

대부분의 정보는 잠재의식 속에 담겨 있으므로, 많은 사람들이 자기가 알고 있는 것을 바로 깨닫지 못하고 있는 경우가 많다.

대부분의 사람들은 왼쪽 반구가 더 우위를 차지하고 있으며, 그 결과는 오른손잡이가 되고 있다. 왼손잡이 사람은 오른쪽 반구가 더 발달되어 있다.

때문에 왼손잡이를 오른손잡이로 고쳐 주려는 것은 잘못된 일이다.

보통 양쪽 손을 마음대로 쓰는 사람이 있지만, 이런 사람의 경우도 두 손의 기능이 똑 같지 않으

며, 한쪽 손의 기능이 조금은 더 발달되어 있다.

최근 영국과 미국에서 있었던 연구는 대뇌 반구가 제각기 다른 기능과 연관되어 있음을 명백하게 밝혀 주었다.

이 연구에 따르면 왼쪽은 말하기, 읽기, 쓰기, 계산 등을 다스리고, 오른쪽은 즉 문화적인 쪽을 시각적인 인식, 예술, 추상적인 사고 등에 더 밀착되어 있다.

사람들은 한쪽 반구는 다른 쪽 반구가 작용하고 있을 때에는 자동적으로 활동을 중지하고 있기 때문에, 동시에 두 가지 일을 생각하는 것이 불가능하다고 알고 있다.

읽기, 쓰기, 셈하기 교육을 과거에는 왼쪽 뇌에 치중했었으나 최근에 와서는 오른쪽 뇌에 두고 있는 경향이 더 크다.

신비의 물체 호르몬

우리가 운동을 하여 산소가 부족해지면 호흡이 왕성해지고 피의 순환이 활발해진다. 운동을 지나치게 하면 피로해 져서 운동을 중지하라는 명령이 내려진다.

그러나 그 운동을 되풀이하여 몸을 단련시키면 체력이 늘어 다음부터는 차차 그렇게 피로해 지지 않는다.

이와 같이 우리 신체의 기능이 잘 조절되는 것은

신경과 호르몬이 힘을 합해 서로 돕기 때문이다.

호르몬이란 내분비샘이라는 기관에서 만들어지는 화학적 물질인데, 그것이 핏속으로 나와 몸 안을 돌아다니는 동안에 여러 가지 작용을 하여 몸을 조절하는 역할을 한다.

호르몬은 비타민과 같이 음식물 안에서 영양으로 섭취하는 것이 아니라, 몸 안에 있는 내분비샘에서 필요한 양만큼 만들어 내는 것이다.

분비물을 만들어 내는 기관은 보통 샘 또는 선이라고 하는데, 내분비선은 땀이 나는 땀샘이나, 침이 나오는 침샘들과 달라서 분비물을 내보내는 관이 없다.

때문에 분비물은 직접 핏줄 속에 흘러 들어간다. 따라서 내분비샘 또는 내분비선이라고 한다. 이와 같이 호르몬은 직접 피에 섞여서 몸의 각 부분에 보내진다.

호르몬은 그 종류가 대단히 많다. 그것들은 제각기 몸속에서 특별한 효과를 낸다. 호르몬은 여러 가지 기관에 신호를 보내 화학의 사절과 같은 것이다.

보통 호르몬이 하고 있는 작용과 구실은 신체의 성장, 영양분의 섭취, 영양 물질의 저장과 사용,

생식의 과정 등으로 몸의 내부적인 활동을 고르게 조절하는 일이다.

내분비선이 호르몬을 너무 많이 써 버리거나 혹은 반대로 적게 쓰면 이럴 때의 작용과 활동이 제대로 잘 되지 않는다. 그뿐만 아니라 몸의 모습과 크기도 이 호르몬의 작용에 따라 굉장히 달라진다.

그렇다면 주된 내분비선과 거기서 나오는 호르몬은 어떤 작용을 하는 것일까?

목구멍에 있는 갑상선에서 나오는 호르몬은 신체의 성장과 발달, 그리고 신진대사의 과정을 순조롭고 활발하게 하여준다.

신체 내부에 성선이라고 하는 내분비선에서 나오는 호르몬은 남성을 남성답게, 여성을 여성답게 행동시켜 주는 구실을 한다.

남자는 정소에서 남성 호르몬을 내고, 여자는 난소에서 여성 호르몬을 낸다. 남성 호르몬은 수염이 나게 하고, 목소리가 굵어지게 하며 튼튼한 뼈와 남성적인 성격을 가지게 한다.

반대로 여성 호르몬은 여성다운 목소리를 갖게 하고 살을 통통하게 하며, 여자다운 마음과 행동을 가지게 한다.

그러나 이런 호르몬도 지나치게 많거나 적으면 여러 가지 부작용이 생긴다.

호르몬은 비타민처럼 매우 적은 양으로 작용을 하나, 그렇다고 너무 지나치게 적거나 너무 많으면 오히려 몸을 해치게 된다.

그러므로 어떠한 이유로 호르몬이 부족하게 되면 자연히 내분비샘의 작용이 활발해지고 또 반대로 호르몬이 지나치게 많아지면 내분비샘의 작용이 멈추게 된다.

성장 호르몬이 지나치게 많으면 거인이 되고, 너무 적으면 난장이가 되는 것이다.

호르몬은 그 종류에 따라 수분과 지방질의 소화, 혈압과 체온 등을 고르게 조절해 주고, 감정과 돌발적인 사태에 대한 반응 작용도 갖는다.

이런 까닭에 호르몬은 사람의 존재와 건강에 매우 중요한 관계가 있다. 호르몬이 신경과 서로 협력함으로써 몸의 균형과 건강을 유지할 수 있는 것이다.

피부의 생리와 기능

이 세상에 사람의 피부처럼 질기고 탄력 있는 완벽한 포장지가 또 있을까?

남자의 것이건, 여자의 것이건 온 몸을 감싸는, 몸에 빈틈없는 꼭 맞는 의복을 만들자면 폭 33㎝에 길이 5.5m쯤 되는 옷감과 뛰어난 솜씨가 필요할 것이다.

그러나 자연적인 세포 증식 과정은 몇 주일마다 약 1.86㎡의 새롭고 완벽하게 몸에 꼭 들어맞는 피부 한 벌을 누구에게 마련해 준다.

우리들이 살아가는 과정에서 목욕이나 운동 같은 활동으로 생기는 마찰에 의해 끊임없이 닳은 낡은 피부를 벗어 버리고 새로운 피부로 갈아입게 된다.

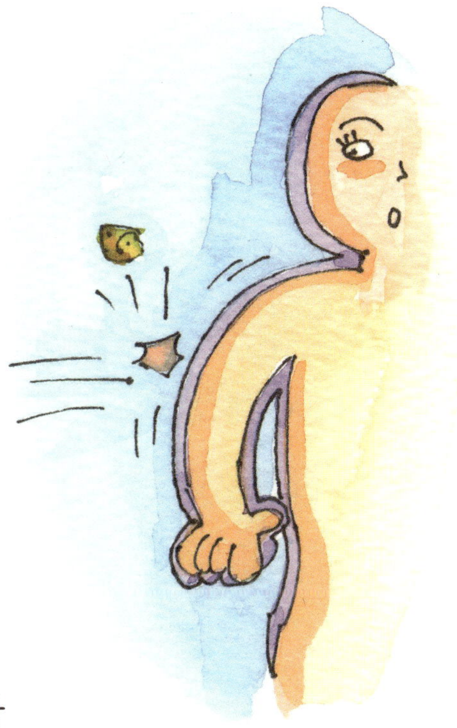

우리 몸의 피부는 수분이 몸에 스며들지 못하게 막는 동시 60%가 수분으로 되어있는 몸이 건조하지 않도록 보호해 준다.

먼지와 세균에 대한 방패 구실이 되고, 바로 피부 밑의 지방층과 함께 몸의 윤곽을 둥글게 감싸면서 충격이나 타격에 대한 쿠션 역할도 맡고 있다.

피부는 보드랍고도 탄력성이 매우 풍부한, 우리 몸에 완벽한 포장지인 것이다.

피부에는 3개의 층이 있다. 바깥쪽의 표피, 가운데층의 진피, 피하 조직의 3개 층이다.

피부의 중요한 구조는 비교적 두꺼운 층인 진피에 모두 모여 있다. 진피는 종이처럼 얇은 표피로 덮여 있으며, 표피의 바깥층은 납작한 죽은 세포들로 구성되어 있다.

바깥쪽의 세포가 닳아 없어지면, 진피에서 형성된 새로운 세포가 위로 밀려 올라와 대신 자리를 잡게 된다. 이러한 껍질 바꿈은 평생을 두고 끊임없이 계속되고 있다.

피부의 표피 밑에는 수백만 개의 신경 끝이 있다. 이것이 바로 촉각 수용기라는 것이다. 이들 수용기은 다섯 가지 상이한 감각 즉, 통각 · 온각 · 압각 · 촉각 · 냉각을 느낄 수 있다.

피부의 감각들은 이러한 감각들의 일부 또는 전

부가 겹쳐져서 생기는 것이다.

손가락 끝이나 입술처럼 감각에 예민한 곳에서는 표면적 1㎠에 약 40개 정도의 촉각 수용기가 있다.

피부에는 보통 1㎠마다 110개쯤의 땀샘이 있어서 소금물을 내보내고 있으며, 이것이 증발하여 몸을 시원한 상태로 유지한다.

사람이 하루 동안 흘리는 땀의 양은 약 0.5ℓ 이다. 그러나 무더운 여름날에는 이의 12배가 된다. 열대 지방의 사람들은 땀의 손실을 보충하기 위해 정제 소금을 먹는다. 소금을 알약처럼 뭉쳐 만들어 복용하는 것이다. 열대 지방에서는 온도가 높고, 땀을 계속해서 많이 흘리기 때문에, 소금을 먹어 땀의 손실을 보충하지 않으면 일사병으로 쓰러질 위험이 크다.

피부에는 공처럼 생긴 모낭과 기름을 보내는 피지선이 1㎠마다 15개 정도 씩 있다. 기름은 피부와

털에 윤기가 돌게 하고, 방수에도 도움이 된다.

피부에서 또 하나 중요한 것은 멜라닌이다. 멜라닌은 피부와 털에 색깔을 주는 검은 색조이다. 멜라닌은 태양 광선에 포함되어 있는 위험한 자외선을 차단하는 필터 역할도 한다.

이 멜라닌이 뭉쳐 있으면 주근깨가 된다.

늙어갈수록 피하 조직의 지방층이 차츰 없어져서 충분히 받쳐 주지 못하므로 주름이 잡힌다.

피부가 꺼칠꺼칠한 물체, 예리한 물체, 햇빛과 더위, 추위 등의 끊임없는 공격을 견뎌 내면서 우리의 건강과 기능을 유지시켜 준다. 그것은 인간이 자연 환경에 얼마나 잘 적응하고 있는가를 보여주는 좋은 예이다. 따라서 보다 탄력 있는 피부를 가지고자 노력하는 것이 인간이다.

콩팥과 간의 협조

우리 몸속에 있는 샘 중에서 제일 큰 것이 간이고, 가장 중요한 기관 중의 하나인 것이 콩팥이다.

인체에서 필요하지 않는 기관은 하나도 없다. 최근까지 흉선은 쓸모없는 기관으로 여겨왔으나, 오늘날 의사들은 우리 몸에 침투해온 세균을 물리치기 위해 흉선이 세포를 파견하는 등, 인체에 전반적인 방위 체제 방어를 관장하고 있음을 알아냈다.

불필요한 것으로 알려졌던 맹장도 사실은 면역과 관계가 깊은 림프계의 일부로 밝혀졌고, 우리 몸의 털은 피부의 감도를 높여주는 작용을 한다.

이처럼 우리 몸에 있는 모든 기관은 다 나름대로 한 가지 이상의 역할을 분담하고 있다.

그 가운데서는 가장 중요한 것이 간과 콩팥이다.

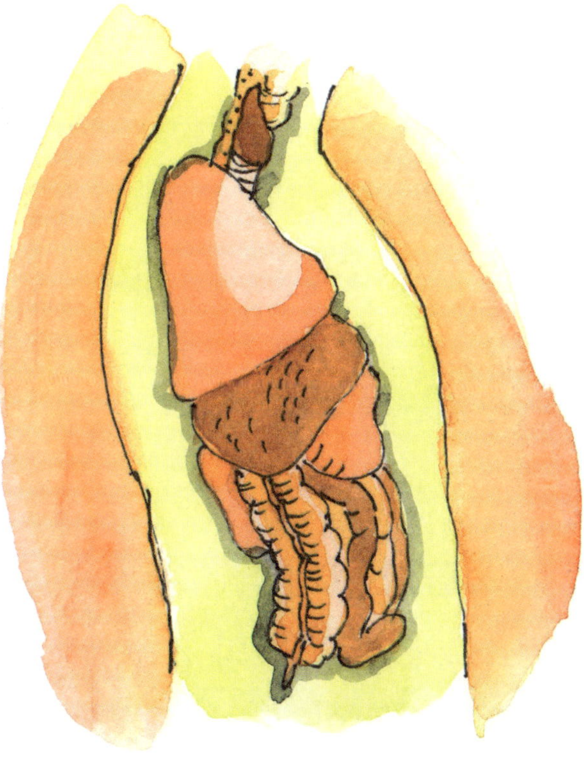

간은 내장 가운데서도 골 다음으로 크다. 간이 우리 몸에서 2번째로 큰 것은 그것이 맡아 하는 일이 너무 많기 때문이다.

담즙이라는 소화액을 만들어 십이지장으로 보내고, 음식물을 소화하여 흡수하게 하며, 영양분이 피를 따라 간으로 들어오도록 하여 저장한다.

간은 피를 포함한 스펀지와 같이 그 속에서 영양분을 뽑아내어 여러 가지 처리를 한다.

우리 몸속으로 들어온 독물을 분해해서 해롭지 않는 것으로 만든다. 그리고 온 몸을 흐르고 있는 피의 양을 알맞게 조절한다. 피의 양이 지나치게 많아지면 간은 스펀지가 물을 흡수하듯 피를 흡수해서 크게 부풀어지면서 흐르는 피의 양을 그만큼 줄여준다.

반대로 운동을 심하게 하거나 힘든 일을 할 때는 피가 많이 흐르게 하여 몸의 기능을 조절한다.

그러나 기능이 다양한 만큼 질병도 크다. 가장

많은 것이 급성 간염이다. 보통 황달이라고 하는데, 대부분이 바이러스에 의해 감염된다.

간에게 가장 좋은 약은 영양이다. 녹말 · 고기 · 달걀 · 우유 등 단백질을 취하면 간은 언제나 건강하다. 콩팥은 납작한 강낭콩처럼 생겼다. 배의 안쪽에 2개가 있다. 길이는 약 10㎝밖에 안 되지만, 우리 몸에서 간과 함께 매우 중요한 기관이다.

콩팥은 우리 몸에서 불필요한 영양분의 찌꺼기나 해로운 물질들을 몸 밖으로 내보낸다. 피 속의 수분과 단백질, 당분 따위의 분량을 알맞게 해준다.

작은 구슬 2개처럼 생긴 콩팥은 피에 섞여 있는 여러 가지 물질을 체로 거르듯이 걸러낸다. 이와 같이 걸러서 나온 것이 오줌이다.

오줌 속에 섞여 있으나, 우리 몸에 필요한 것은 다시 걸러내어 피 속으로 되돌려 보내기도 한다.

콩팥의 기능이 정상적인 사람은 당분이나 단백

질 등 영양분이 오줌에 섞여서 몸 밖으로 흘러나오지 않는다.

그러나 콩팥에 이상이 생기면 모처럼 섭취한 영

양분이 오줌에 섞여 밖으로 나가 버리고 만다.

우리 몸의 대부분의 수분도 세뇨관의 벽을 통하여 다시 핏속으로 되돌아간다.

콩팥은 이러한 활동으로 우리 몸에 필요한 수분을 항상 적당하게 유지해 주고 있는 것이다.

우리가 일을 한다든지 운동을 할 때는 땀을 많이 흘리게 된다. 이 처럼 땀을 많이 흘린다거나, 또는 물을 마시지 않을 경우에는 콩팥은 보통 때보다 더 많은 수분을 오줌에서 피로 돌려보내게 된다.

이러한 까닭에 자연히 오줌을 적게 누게 되며, 또 그 오줌은 보통 때보다 빛깔이 더 진해진다.

그러나 모든 것은 알맞게 쓸 때 제 기능을 충분히 발휘한다. 지나치게 무리하게 되면 이상이 생기기 마련이다.

목소리와 변성기의 함수

사람마다 목소리가 있지만, 같은 목소리는 거의 없다. 가끔 TV 연속극이나 라디오 드라마를 시청할 때면 목소리가 비슷하거나 같은 것 같은 착각을 느끼게 되지만, 목소리가 같은 사람은 없다는 것이 일반적인 견해이다.

목소리가 나는 목구멍 안에는 연한 뼈가 있고 그 가운데 2개의 뼈 사이에 성대라는 것이 있는데, 성대는 1쌍의 막으로 되어 있다.

성대는 힘살로 되어 있고, 표면에는 점막이 덮여 있다. 호흡을 할 때 좌우의 성대는 뒤쪽이 열려서 삼각형의 틈을 만들기 때문에 공기가 잘 통하도록 되어 있다.

사람이 노래를 부르거나, 이야기할 때는 소리를 내야 한다. 소리를 낼 때에는 양쪽에 꼭 달라붙어서 그 틈을 공기가 간신히 통하게 된다.

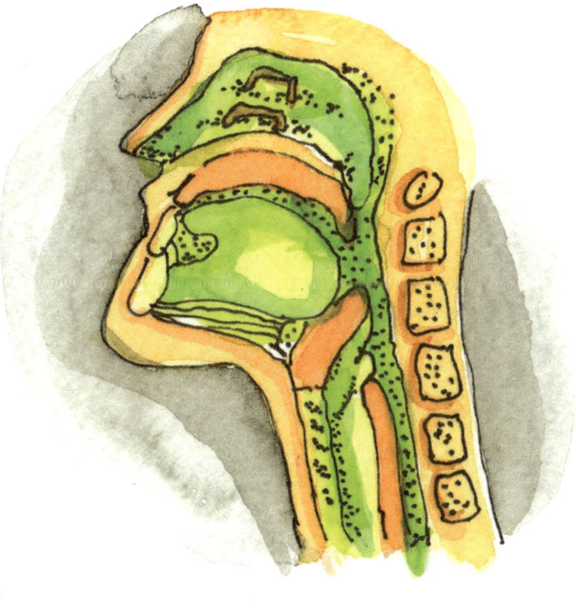

성대가 열렸다 닫혔다. 하는 것은 연한 뼈, 즉 연골을 이어주는 힘살이 그 연골을 자유롭게 움직이게 하기 때문이다. 허파에서 나오는 공기가 성대에 부딪쳐 성대를 밀어 열면 이때 소리가 나온다.

소리가 날 때에는 성대가 진동하면서 열렸다 닫혔다 하는 작용이 계속된다. 이렇게 해서 소리가 나게 된다.

그런데 이와 동시에 그 소리가 목구멍 · 입술 · 볼 · 혀 · 턱 · 입의 위치와 모습에 따라 함께 울려서 소리는 밖으로 나오게 된다.

성대의 진동은 하모니카나 아코디언의 리듬처럼 간단한 것은 아니다. 좌우로 움직이고 앞뒤로 움직이며 아주 복잡하게 진동하는 것이다.

사람의 소리는 높이가 다르다. 소리의 높이는 성대의 진동수에 따라 달라진다. 성대의 진동수는 성대가 얼마만큼 팽팽한가 하는 것과 진동의 길이, 폭, 부피와 입김에도 관계가 매우 깊다.

어린이들의 목소리가 높은 것은 주로 성대가 짧기 때문이다. 어릴 때에는 남자 아이와 여자 아이의 목소리가 그다지 다르지 않고 비슷하다.

이렇게 한동안 자라다가 남자 아이는 차차로 커가면서 목소리도 변한다. 보통15~16살 이후부터 목쉰 소리처럼 변하고, 말을 할 때에 힘이 들게 된다.

또 낮은 목소리와 높은 소리가 가끔씩 섞일 때도 있다. 그러니까 남자 아이는 이 무렵부터 차차로 남성답게 변하는 것이다. 이때를 변성기라고 한다.

그러나 여자 아이는 남자처럼 목소리가 변하지는 않지만, 여성답게 변하는데 이때를 가리켜 사춘기라고 한다.

변성기와 사춘기에 접어들면 목구멍의 연골도 이 무렵에는 남자와 여자에 따라 발육하는 모습이

서로 달라진다.

남자는 연골이 주로 앞 뒤쪽으로 발육한다. 그러

나 이때 소리를 내기 위한 힘살은 연골이 발육하는 속도를 미처 따라가지 못한다. 바꾸어 말하면 소리는 내는 힘살이 연골보다 훨씬 늦게 발육하는 것이다.

이런 시절에는 자연히 소리가 뜻하는 대로 나오지 않는 것이 보통이다. 따라서 저도 모르게 목소리가 변하고 말을 할 때는 또 몹시 힘이 든다. 그렇지만 이 시절이 지나가면 성대가 길어지기 때문에 소리는 한 옥타브쯤 낮아진다. 여자는 연골이 주로 옆으로 발육하기 때문에 부드러운 소리를 낸다.

그러나 성대의 길이는 조금도 변하지 않는 관계로 소리의 폭은 얼마쯤 퍼지지만, 남자처럼 아주 변하지는 않는다.

남자 아이의 경우 변성기를 미처 깨닫지 못하고 노래를 많이 부르면 성대에 이상이 생겨 의외로 고생하는 경우가 많다.

또 여자 아이는 사춘기가 되면 이성에 관한 관심을 갖게 되고 춘정을 느끼면서 자기 표정에도 세심한 관심을 쏟게 된다.

사람은 남자는 누구나 변성기를, 여자는 사춘기를 거쳐 성장하는 것이다.

피로를 느끼는 이유

우리는 가끔 어떤 일을 하다가 '지쳤다'는 말을 한다. 이 말은 우리가 매우 피로하다는 것을 실토하는 말로, 매우 까다로운 의미를 지닌다.

피로를 느끼지 않는 사람은 아무도 없다. 피로는 일종의 중독이라고도 할 수 있다. 몸의 힘살이 움직이면 젖산이라는 물질이 생긴다. 움직이면 움직일수록 이 젖산이 더 많이 생긴다.

이렇게 해서 생긴 젖산이 힘살에 작용하면 힘살

이 굳어져 움직이기 어렵게 된다. 이것이 바로 피로이다.

그러니까 피로한 힘살에서 그 젖산을 모두 없애 버린다면 힘살은 다시금 힘을 얻어 제대로 움직일 수 있게 된다.

하루 종일 일하는 사람은 이 젖산에 중독된다. 힘살이 움직이는 동안에 생기는 물질은 젖산 이외에도 몇 가지가 있다.

이것들을 하나로 묶어서 피로 물질이라고 한다. 이 피로 물질이 피에 섞여서 온 몸에 퍼지기 때문에 직접 활동한 힘살만 아니라, 몸 전체 특히 골이 피로해지는 것이다.

이 문제에 대하여 과학자가 실험을 해 보았다. 개를 억지로 뛰어다니게 하고 그 뒤의 행동을 살펴보았다. 그 개는 몹시 피로한 끝에 이내 잠들어 버렸다. 이 때 그 개의 피를 조금 뽑아 다른 개한테 주사했더니, 그 개도 피로해서 곧 잠이 들고 말았다는 재미있는 실험 결과가 나온 것이다.

이와 반대로 잠에서 막 깨어난 개의 피를 고단해서 잠자고 있는 개에게 주사하였더니 개는 곧 힘차게 벌떡 일어났다.

이것으로 보아 피로는 화학적인 것만이 아니라, 생물학적인 것도 원인이 되고 있다는 것이다.

사람은 피로한 것 자체를 어떤 물질처럼 없애 버릴 수 없다. 피로를 완전히 없애려면 몸의 세포 자체를 휴식시키지 않으면 안 된다.

쉬는 동안에 몸의 상한 부분이 다시 고쳐지고, 골의 신경세포는 새로운 힘이 생겨서 쌓이게 된다. 이래서 뼈와 뼈 사이에 있는 뼈마디들은 부드럽게 해주는 액체가 새것으로 바뀐다. 몸이 어떤 일을 하여 소비한 에너지를 되찾기 위하여서는 푹 쉬는 것, 충분히 잠자는 것이 필요하다.

이러한 휴식에 관해서도 재미있는 이야기가 있다. 몇 시간동안 계속해서 책상에 엎드려 공부한 사람의 경우, 피로를 많이 느끼면서도 드러누워 자려고 하지 않는 경우가 있다. 오히려 눕기보다는 산책이라도 하고 싶어지는 수가 있는 것이다.

그런가 하면 어린이들은 학교에서 돌아와 책가방을 내려놓기가 바쁘게 밖으로 뛰어나가 놀기도 한다. 학교 공부로 피로해 있거나, 지쳐 있을 텐데도 드러누워 쉬지 않고 밖으로 뛰쳐나가는 것이다.

그 까닭은 이러하다. 몸의 어느 한 부분, 예를 들어 한쪽다리가 피로했을 때는 그 부분의 피로를 푸는 좋은 방법이 있다. 그것은 바로 몸의 다른 부분을 활동시키는 일이다.

실지로 사람은 활동하는 그 자체만으로도 휴식이 되는 경우가 많다. 온 몸을 활발하게 움직이면 호흡이 늘고 피의 순환이 빨라지고, 에너지를 만드는 기관이 활발해져서 몸의 한 부분에 고여 있는 젖산 따위를 빠르게 없애 버리기 때문이다. 그러나 몸 전체가 피로할 때는 푹 잠자는 것이 가장 좋은 방법이다.

피로는 육체적인 피로와 정신적인 피로의 두 가지가 있다. 그러나 그 피로가 어떤 것이건 피로해지면 몸의 여러 가지 작용이 느려지거나 둔해지며, 공부나 일의 능률이 오르지 않고, 자기 자신도 지쳤다. 또는 피곤하다는 것을 알게 된다. 피로하지 않는 것이 우리의 일상생활을 위해 가장 좋은 약이다.

식사와 배고픔의 반응

밥을 먹지 않아도 배고픔을 모른다면 어떻게 될까. 사람은 누구나 하루 세 차례 식사를 한다.

그런데 세끼 가운데 한 끼를 굶으면 배가 고프다는 느낌을 갖게 된다. 그냥 입맛이 없어서 밥을 거르는 경우는 예외겠지만, 식사꺼리가 없어서 끼니를 굶거나, 건너뛴다면 배고픔은 더욱 심하게 느끼기 마련이다.

세상에 배고픈 설움처럼 큰 것은 없다고 한다.

배가 고프다 또는 무엇이 먹고 싶다고 하는 느낌은 왜 일어나는 것일까.

이때에는 우리의 몸이 음식물을 필요로 하는 것인데, 우리들은 이것을 어떻게 해서 느끼는 것일까.

대부분의 사람들은 글자 그대로 배가 비어 있으면,

다시 말해서 아무 것도 들어가 있지 않으면 배가 고프다는 것을 느끼게 된다고 믿고 있다.

그러나 사실은 그런 것이 아니다. 앓고 있는 사람이나 무엇에 열중하고 있는 사람은 위 속이 비어 있어도 배가 고프다는 것을 느끼지 못한다.

시장하다는 느낌은 피 속에 영양분이 부족할 때에 비로소 느껴지기 시작하는 것이다. 피 속에 영양분이 부족하게 되면 골속에 있는 중추 신경에 신호가 간다.

시장기를 느끼는 중추 신경은 위나 창자를 조절하는 일을 한다. 피 속에 영양분이 많이 있을 때에는 이 중추 신경은 위나 창자의 운동을 느리게 한다.

그러나 피 속에 영양분이 부족할 때에는 이 중추 신경은 위와 창자의 운동을 활발하게 한다.

그래서 배가 고플 때에는 가끔 배에서 꾸룩꾸룩 하는 소리가 나는 것이다.

우리가 시장기를 느낄 때에는 어떤 특별한 종류의 음식물만을 필요로 하는 것은 아니다. 무엇이든 영양분이 될 수 있는 것이면 다 필요로 한다.

실제로 배가 고픈 사람은 무슨 음식이든 가리지 않고 다 먹는다. 한 가지 음식만으로는 우리들의 건강에 좋지 않다.

아무리 열량이 많은 음식물이라고 해도 감자 한 가지만을 계속 먹는다면 우리가 필요로 하는 영양분을 충분히 취할 수도 없고, 또 곧 싫증을 느끼게 되고 말 것이다.

그렇다면 사람은 식사를 하지 않고 얼마동안이나 견딜 수 있을까. 그것은 사람에 따라 각기 다르겠지만, 대체로 침착하고 차분한 사람은 흥분을 잘하고 과격한 사람보다 오래 견딜 수 있다. 그것은 몸속에 있는 단백질을 조금씩 밖에 소비하지 않기 때문이다.

오래 굶고도 견뎌낸 기록은 여러 곳에서 많이 있

지만, 대개는 의학적인 뒷받침이 희박해서 믿을만한 것이 못된다.

사람은 왜 식사를 하지 않으면 안 되는 것일까. 식사를 하지 않으면 살아갈 수가 없으며, 또 에너지를 얻을 수도 없다.

음식은 그저 먹는 것으로 그칠 것이 아니라, 우리 몸의 특별한 목적에 활용되는 영양분을 필요한 정도로 섭취하지 않으면 안 되는 것이다.

예를 들면, 단백질이 없으면 몸의 세포가 만들어지지 않는다. 녹말이 없으면 우리 몸이 따뜻해질 수 없고, 지방질이 없으면 에너지를 얻을 수 없다

그 밖에도 무기물 즉 미네랄이라는 영양분을 섭취하지 않으면 여러 가지 기능을 제대로 할 수 없으며, 칼슘과 인이 없으면 뼈와 이빨을 튼튼하게 보존할 수 있다.

헤모글로빈이 없으면 피를 붉게 할 수가 없다.

이처럼 우리 몸이 건강을 유지하려면 단백질 · 녹말 · 지방질과 비타민, 그리고 13 종류의 무기물이 꼭 필요하다.

식사는 단지 입에 맞는 것만 선택해서는 좋지 않다. 질이 좋고 균형이 잡힌 식사가 가장 이상적인 것이다.

침과 음식물의 소화

맛있는 음식이 눈앞에 있거나, 그런 음식에 대한 생각을 할 때는 입안에 군침이 돈다.

이것은 침의 성질 가운데 재미있는 부분이다. 침은 침샘이라고 하는 샘에서 나온다. 침샘은 음식물이 입 속으로 들어가면 자동적으로 침을 흘려보낸다. 그 밖에도 골에서 명령을 받으면 음식물이 없을 때에도 침을 나오게 한다.

우리 몸 안에는 침샘이 세군데 있다. 귀 앞에 하

나가 있고, 혓밑에 하나 가 있으며, 아래턱의 아래쪽에는 침샘이 하나 있다.

침샘은 해야 할 일에 따라서 침의 종류와 양을 자동적으로 조절한다. 일반적으로 풀이나 곡식을 먹는 동물들에게는 침샘이 크게 발달되어 있으나, 물고기에는 침샘이 없다.

소가 풀을 뜯어 먹을 때, 침샘은 하루에 약 50ℓ 의 침을 흘려보낸다. 겨울철 마른 풀을 먹을 때는 하루에 약 200ℓ 의 침을 흘려보낸다.

사람의 침샘은 하루에 보통 1ℓ 에서 1.5ℓ 정도 침을 흘려보낸다. 사람의 침샘에서 일생 동안 나오는 침의 양이 무려 2만 5000ℓ 나 되는 셈이다.

침샘마다 맡은 일이 다르다. 제일 큰 침샘은 귀밑샘으로 물기가 많은 침을 대량으로 나오게 한다. 이 침은 주로 음식물을 묽게 하고 적셔주는 일을 맡고 있다.

아래턱 근처에 있는 2개의 침샘은 음식물을 미끈미끈하고 부드럽게 하는 역할을 한다.

어떤 침샘이 침을 많이 내느냐는 것은 입속에 들어간 음식물의 성질에 따라 다르다. 물기가 많은 사과 · 배 · 수박 같은 것을 먹을 때는 축축하게 적셔줄 필요가 없으므로, 아래쪽 침샘이 활발하게 활동한다.

마른 비스킷 같은 것을 먹을 때에는 귀밑샘이 활동해서 물기 많은 침을 내 보낸다.

사람의 침은 아밀라아제의 일종인 프티알린 이라는 효소를 포함하고 있는데, 이것은 녹말에 작용하여 그 분자를 잘게 부숴서 맥아당으로 변화시킨다.

사람의 귀밑샘이 바이러스의 침범을 당해서 병이 나는 것을 유행성 귀밑샘염이라고 한다. 보통 6세부터 15세까지의 어린이들이 잘 걸린다. 가벼운 열과 두통이 나며 볼이 부어올라 얼굴 모양이 이상해진다. 이럴 때는 씹는 음식물을 먹지 않고 치료를 해야 된다.

사람은 결국 음식물을 먹고, 침이 소화의 첫 단계 작업을 맡고 있는 것이다. 음식물은 먹는다고 다 소화되는 것은 아니다. 음식물을 몸이 이용하도록 변화시키는 일이 이루어져야 한다.

소화라는 것은 음식물을 만들고 있는 분자를 부숴서 몸속으로 흡수하는 것을 말한다. 큰 분자는 세포나 조직의 벽을 통과하여 들어갈 수 없으므로, 녹말은 더 작은 당분으로 지방은 지방산과 글리세린으로, 단백질을 아미노산으로 변하지 않으면 안 된다.

소화는 음식물을 입에 넣어서 씹고 삼키는 것에

서부터 시작된다. 음식물은 이 과정에서부터 몸속을 돌아 소화기관을 천천히 여행한다. 그러는 사이에 흡수와 소화가 천천히 순서 있게 이루어지는

것이다.

소화 기관은 각 부분이 서로 연결되어 있어서 한 개의 긴 통로로 되어 있지만, 맡은 일은 모두가 다르다.

음식물이 처음 입에 들어가면 침이 녹말을 분해하도록 돕고, 치아가 잘게 부수는 일을 맡고, 침이 섞여서 후두를 통해 위로 들어간다.

소화의 대부분은 위에서 이루어진다. 위에서 나온 소화액이 음식물과 섞인다. 이 때 염산이 나와 위 속의 음식물은 산성으로 된다. 이렇게 되면 녹말의 소화는 거의 끝난다. 그 다음 작은창자, 큰창자로 여행한다.

목마름과 딸꾹질

사람이 목마를 때 아무 것도 마시지 못한다면 그것처럼 고통스러운 것이 없을 것이다.

우리는 누구나 목이 말랐던 경험을 가지고 있다. 사람이 한 3주 정도 아무 것도 마시지 않고 있다면 살기 어려울 것이다.

사람의 몸은 약 70%가 수분이다. 만약 사람을 레몬처럼 쥐어짠다면 약 40ℓ 쯤의 물이 나올 것이다. 그 물은 순순한 물은 아니다. 염분을 비롯해서

여러 가지 물질이 들어 있을 것이다.

물은 살아가는 데 없어서는 안될 꼭 필요한 것이다. 그 가운데 약 40ℓ 가 핏속에 들어 있어서, 염통의 작용으로 몸속을 돈다. 이 피는 정해진 속도로 쉬지 않고 흘러서 몸속의 모든 세포를 적시고 닦아 준다. 수분은 또 열을 몸 속 샅샅이 보내주는 일도 한다.

우리는 물을 전혀 마시지 않고도 음식물에서 하루에 약 3분의 1ℓ 의 물을 섭취한다. 물론 이것만으로는 불충분하기 때문에 물을 마신다.

목이 마르다는 것은 몸속에 수분이 부족하다는 신호이다. 대부분의 사람들은 목이 마르니까 물을 마신다고 생각하지만, 목이 마른 것은 결과 일뿐, 그 원인은 아니다.

목이 마른 이유는 신경증이나 병, 또는 침샘의 이상 등 여러 가지 원인으로 올 때가 있다. 목이 마른 것은 핏속의 염분이나 수분은 언제나 정해진 비율로 유지하게 되어 있다.

핏속에 염분이 수분에 비해서 많아지면 목이 말라서 물을 마시게 되어 핏속에 수분을 증가시키도록 하는 것이다.

우리들의 골속에는 갈증의 중추가 있다. 이것은 핏속 염분의 양에 대하여 아주 민감하게 반응한다. 염분의 양에 변화가 생기면 중추는 목의 뒤쪽에 신호를 보낸다. 거기서 신호는 다시 골로 되돌아간다. 이 신호가 우리에게 목이 마르다고 알려주는 것이다.

목이 마른 것과는 달리 물을 잘못 마시면 딸꾹질이 나오는 경우가 있다. 딸꾹질을 멎게 하는 방법은 옛날부터 생활의 지혜로 있어왔다.

오랜 옛날에는 딸꾹질을 멎게 하는 미신이 있었는데, 그 중의 하나는 오른손 둘째손가락에 침을 발라 주기도문을 거꾸로 외면서 왼쪽 발끝으로 땅에 +자를 3번 그리면 딸꾹질이 멎는다고 믿었다. 딸꾹질을 멎게 한다는 방법은 수없이 많지만, 미신적이어서 효과는 전혀 없다.!

딸꾹질은 그 자체가 신비스러운 것이 아니라, 자기 몸을 보호하는 자연적인 행동의 결과이기 때문이다.

우리 몸은 많은 반사 행동을 지니고 있다. 어떤 특수한 자극을 받을 때 저절로 일어나는 반응이다. 반사 행동은 마음대로 막을 수가 없다. 다시 말해서 자기도 모르게 반사 행동은 일어난다.

딸꾹질은 뜨거운 음식물을 삼켜서 식도나 위의 일부가 자극을 받아 흥분했을 때, 혹은 위 속의 가

스가 가로막이라는 것을 압박했을 때 생긴다.

가로막은 가슴과 밥통을 칸막이하는 큰 막으로, 숨 쉴 때는 오르락내리락 하며 허파가 커졌다 작아졌다 하는 일을 돕는다. 이 가로막이 경련을 일으키면 어떤 간격을 두고 펄떡펄떡 하며 긴장한다. 이렇게 긴장하면 허파가 넓어져서 공기를 그만큼 빨아들이려 한다.

그러나 공기가 기관을 제대로 통과하지 못하기 때문에, 막힌 그 순간 가슴 속에 무엇인가 부딪치는 느낌이 생기며 때로는 몹시 아프다. 말하자면 딸꾹질은 가스를 위에서 내어 보내려고 일으키는 반사 작용이다. 이 때문에 가로막이 흥분하여 공기가 제대로 허파에 드나들지 못한다. 이 때 가슴이 빼근해지면서 일어난다.

신비한 오감과 상상력

인간의 오감과 상상력은 인간의 기능과 구조, 작용을 보다 풍요롭게 해주는 종합 컴퓨터 시스템과 같은 것이다.

자연 현상을 정확히 관측하는 일이 과학이라고 할 때, 관측 뒤에 숨은 자연의 법칙을 찾아내려는 것이 인간의 노력이다. 여기에 과학자가 생각하는 상상의 마음이 담기게 되고, 아름다운 창조적 꿈이 영글게 된다.

사람에게는 오감이다 하여 다섯 가지 감각 기능이 있다. 눈이나 귀처럼 느낌을 받아들이는 기관을 감각 기관이라고 한다. 그리고 맛을 느끼고, 냄새를 맡으며, 아픔과 괴로움, 춥고, 더움을 느끼는 작용도 있다.

이런 것들은 모두 우리가 살아가는 동안 주위에서 느끼게 되는 중요한 일들이다.

이 감각 기관에 따라 여러 가지 자극을 받게 되며, 이 신호는 신경에 의해 골로 전달된다. 이렇게 하여 느낌이라는 것이 일어난다.

우리가 여러 가지 일을 할 수 있는 것은 모두 이 감각기관을 통해서이다.

오감을 요약하면 눈으로 보는 것들 – 그림, 서예, 조각, 건축 등을 들 수 있고, 귀로 듣는 것으로는 음악, 연극, 무용, 언어를 통한 예술이 있다. 여기서 시, 소설 등 문학이 포함된다.

눈과 귀 이외도 맛을 느끼는 혀, 냄새를 맡는 코, 변화를 느끼는 살갗 등이 매우 중요한 구실을 한다.

우리가 일생 동안 살아감에 있어서 이 오감은 어느 하나라도 장애를 일으켜서는 안 된다.

견문이 넓다든지, 시야가 좁다든지, 생각의 깊이가 없다. 소견머리가 없다고 하는 것은 모두 눈으로 보고 마음으로 느낌이 부족하다는 것을 뜻하는 말이다. 바깥세상을 아는 것은 모두 눈으로 이루어진다.

이에 비하여 귀로 듣는 것은 주로 사람과 사람과의 관련에서 이루어진다. 어린이들의 말다툼에서부터 크게는 나라와 나라 사이의 각종 회담에 이르기까지가 모두 말을 통해 해결된다.

맛과 냄새도 인간이 갖고 있는 중요한 감각의 하나인데, 맛있고 냄새 좋은 음식물은 예술품이라고 하지 않는지 궁금한 일이다. 그것도 사람이 오감을 통해 빚어낸 훌륭한 창조물임에는 틀림이 없지만, 예술품이라고는 하지 않는다.

1906년도 미국에서는 냄새를 느끼는 영화를 만들려는 움직임이 있었으나, 결국 실패하고 말았다. 냄새는 옛 추억을 회생시켜 주는 구실을 한다. 사람은 다른 기억은 희미해도 냄새에 관한 것은 또렷하게 되살린다.

냄새는 한번 풍기면 그만이어서 아무리 오감이

뛰어난 사람이라고 해도 냄새의 교향곡을 만들지는 못한다.

오감 가운데 마지막이 촉각이다. 느낌에 대한 감각이다. 날씨가 무덥다, 춥다, 서늘하다, 몸이 아프다, 기분이 좋지 않다는 등은 모두 촉각에 의한 작용이다.

촉각은 조물주의 예술품이라고 불리는 이성의 육체를 감상하는데 쓰이는 경우가 더 많다. 사랑의 감각, 애정의 척도를 따질 때는 촉각을 동원할 수밖에 없다.

눈과 귀, 코와 혀 온 피부의 말초 신경이 모두 동원되어도 만족함을 느끼지 못한다. 큰 골 회백질의 산소 부족의 감각까지 총동원하고 협동해야만 인간의 만족과 쾌감은 느끼게 된다.

사람은 누구나 인체의 신비를 이루 다 헤아리지 못하면서 그 기능과 구조를 잘 이용한다. 인간 스스로가 육체에 대한 감촉의 즐거움을 최대한 누리

려는 것이다.

과학을 하려면 상상력을 키워야 한다. 상상이란 그 사람의 마음에 담겨있는 생각과 그림이다. 영국의 시인 워즈워드가 '상상은 마음 속의 눈'이라고 표현했다. 육안에 비해 심안이라는 뜻이다.

조직의 그물인 신경계

우리는 날마다 잠을 자고, 음식을 먹으며, 신나게 놀고, 즐겁게 공부도 한다. 그러면서 자신도 모르게 몸도 크고, 마음도 커간다.

우리가 이렇게 즐겁게 생활하고 건강하게 자랄 수 있는 것은 팔 · 다리와 위장 등 우리 몸을 구성하고 있는 여러 기관들이 서로 힘을 합하여 활동하기 때문이다. 이러한 작용을 몸의 조절이라 하고, 이를 조절하는 것을 몸의 기관이라고 부른다.

몸을 조절하는 것 가운데 가장 중요한 역할을 하는 것이 신경과 호르몬이다. 신경이라는 말은 '저 사람은 운동 신경이 발달되어 있다'고 할 때와 같이, 몸을 움직이게 하거나, 느낌을 전달하게 하는 신경의 활동을 나타내는 경우와, '저 사람은 신경이 예민하다'와 같이 정신 또는 마음의 작용을 나

타내는 2가지 뜻을 갖고 있다. 보통 우리는 이 2가지를 통틀어 신경이라고 한다.

신경을 오케스트라에 비유한다면 지휘자와 같다. 지휘자가 여러 가지 악기들을 다루는 사람들을 지휘하면서 종합된 하나의 음악을 탄생시키는 것처럼 신경은 몸 안의 여러 가지 작용을 종합하여 우리가 항상 건강하게 살아가도록 하고 있다.

신경의 가장 바탕이 되는 것은 신경세포이다. 사람의 신경계는 골에서 시작하여 온 몸으로 빽빽하게 퍼져 있다. 이를 테면 철사 그물의 눈 같은 것이다.

골은 바로 이 그물의 중심에 해당한다. 여기서 그물의 줄, 즉 신경을 통하여 여러 가지 명령을 내린다. 이 명령에 따라 사람은 움직인다. 웃게도 하고 울게도 하며 음식을 먹거나, 그림을 그리고 노래를 부르게 한다.

신경은 골의 명령을 받아 행동하게 하는 한편,

골에 신호를 보내는 통신 구실도 맡는다. 신경계를 통하여 오는 신호를 받고, 골은 몸 전체 여러 부분에서 일어나는 일을 알게 된다.

골과 몸을 이어주는 중계선은 등골이다. 등골은 등심뼈 속에 들어서 몸 위에서부터 아래까지 통해져 있다. 등골은 마치 철사 다발로 된 굵은 케이블 같다. 많은 신경이 모여서 다발처럼 된 것이다.

굵은 신경은 제각기 앞뿌리와 뒤뿌리라는 2개의 부분으로 되어 있다. 앞뿌리는 옆 배에서, 뒤뿌리는 등쪽에서 등골에 연결되어 있다. 뒤뿌리는 몸에서 오는 신호를 등골에 보내고, 거기서 다시 골에 전해진다.

이 신경계는 뇌척추 신경계라고 한다. 이것이 모든 의식적 행동과, 외부에서 받는 자극에 대한 반응을 맡아 준다. 뇌척추 신경계가 없다면 사람은 생각도, 행동도, 감각도 모두가 정지되고 만다.

사람은 누구나 살아가기 위해서 꼭 그렇게 하자

는 의식과 생각이 없어도 저절로 그렇게 행동하기 마련이다. 음식물을 소화시키는 일이나, 숨을 쉬

는 일 등은 그렇게 해야겠다고 생각을 안 해도 저절로 그렇게 되고 있는 것이다.

이와 함께 염통의 고동도 완전 자동으로 이루어지는 것이다. 사람이 이 고동을 억지로 중지시키려고 해도 안 된다.

이렇게 무의식적 또는 자동적인 기관의 활동은 또 다른 신경계가 지배한다. 그것을 자율 신경이라는 것이다.

이와 같은 기관을 뇌척추 신경에서 받는 자극에 반응을 보인다. 그러나 의식적으로 일부러 조절할 필요는 없다. 우리 조직이 자동적으로 되어 있기 때문이다.

자율 신경계는 뇌척추 신경계와는 다르다. 이것은 또 다른 그물을 우리 몸 안에 쳐놓고 있는 셈이다.

이 자율 신경계가 없으면 몸의 각 부분의 기관이 활동을 정지하기 때문에 죽게 되고 만다.

사람이 살면서 활동하자면 뇌척추 신경계와 자율 신경계가 서로 각기 자기 기능과 구실을 충실하게 할 때 효과를 높일 수 있는 것이다.

본능과 통제의 조화

사람은 모두가 자기 뜻대로, 자기 마음대로 무엇인가 해보고 싶어 한다. 그것은 어린이일수록, 모험심이 강한 학생일수록 더 강하게 나타난다.

이러한 생각은 자기 판단에 대한 옳고 그름을 미처 깨닫지 못하는 나이, 다시 말해서 지적으로 성숙되지 못했을 때 더 많이 일어난다.

우리는 누구나 자기가 원하는 모든 행동을 자신의 자유로운 의사에 따라서 하고 있는 것으로 잘

못 알고 있다. 자기의 뜻에 따라 앉고 싶으면 앉으며, 일어서고 싶으면 일어선다. 또 자고 싶으면 잠을 자고 운동을 하고 싶으면 운동을 시작한다. 그러나 이것은 분명코 자기 뜻대로 하는 일이다. 그렇지만 이와 같은 일들이 자신의 자유로운 의사에 따라서 일어나는 일이 아니라는 사실이다.

사람이나 짐승의 모든 행동을 이런 식으로 간단하게 설명하기가 매우 어렵다. 그 만큼 복잡하고 까다로운 것이다.

예를 들면 자전거를 처음 배울 때를 생각해 보자. 처음에는 정성을 다해 자전거를 열심히 배우려고 해도 조금 굴러가지 못하고 자주 넘어진다. 그러나 조금 익숙해지면서부터는 달라진다. 처음 배울 때와는 다르게 보통으로 탈줄 알게 되면, 꼭 신경을 쓰지 않더라도 손과 발이 저절로 움직이면서 쓰러지지도 않고 곧잘 달릴 수 있다.

이러한 무의식적인 행동은 경험이나 연습의 결과로 몸에 익혀지는 것이다.

반대로 이런 때는 어떠한가. 갑자기 무엇인가 뜨거운 것에 닿았을 때, 순간적으로 손을 움츠리게 된다. 움츠리겠다는 생각에 앞서 손이 먼저 움직이는 것이다. 이것이 바로 반사운동의 일부이다.

이와 같이 아무런 생각도 없이 행동하게 되는 것

이 또 하나 있다. 가령 지금 배가 몹시 고프다고 하자. 이 때 '배가 고프다. 무엇인가 먹을 것이 없을까?' 하는 생각을 확실하게 하지는 않더라도 찬장이나 냉장고를 열고 무엇인가 찾게 된다.

이런 때의 행동을 우리는 본능이라고 말한다. 사람은 정말로 본능을 갖고 있는가. 먹을 것을 찾는다거나, 아이를 기른다거나 하는 본능적인 일을 가졌는지 아닌지, 이 점은 심리학자들도 아직까지 의견을 정리하지 못하고 있다.

그렇지만 짐승들은 본능에 의하여 행동하는 것이 사실이다. 본능이란 동물이 어떤 목적을, 꼭 그렇게 하겠다는 생각 없이 하는 행동을 본능이라고 하는 것이다.

예를 들어 보금자리를 짓는 새는 우선 나뭇가지를 모아들이고, 연한 풀잎도 모아 온다. 다음에 그것을 큰 가지나 바위 위에 늘어놓고 집을 짓는다.

그 누구에게도 배우지 않았지만 높이와 모양과

구조는 새의 종류에 따라 제각기 다르게 정해져 있다.

똑같은 종류의 새는 모두 똑같은 보금자리를 짓는다. 이러한 행동은 본능이라는 말을 빼고서는 도저히 설명할 길이 없다.

본능적인 행동을 일으키게 하는 것은 그 생물 자체가 받는 자연의 자극, 예를 들어 배고픔, 무서움, 생식 따위가 이에 해당된다.

사실적인 면에서 볼 때 짐승과 새는 새끼를 낳아 기르기 위한 본능적인 행동이 확실히 인정되고 있다.

먹이를 찾아다니는 일, 짝을 찾아 알을 낳고, 또 새끼를 까서 키우는 일들이 그것이다.

이 가운데서도 철새들은 몸 안에 생기는 호르몬에 의하여 활동하고 있는 것이 밝혀져 본능적인 활동으로 살고 있음이 분명해졌다.

결국 생물은 살아가는 데 있어서 필요한 본능적 행동

을 하고 있으면서, 그 본능을 통제로 조화시키면서 질서와 도덕을 지켜가고 있는 것이다.

지난 일의 기억과 상실

옛일을 잘 떠올리는 사람을 가리켜 기억력이 뛰어나다고 말한다. 지난 일을 잊지 않고 있다는 것은 그만큼 머리가 총명하다는 이야기일까. 기억력과 상실증은 지능지수(IQ)와 관계가 있을까.

사람은 누구나 일상생활에서 보고 느끼고 겪는 일들을 머릿속에 넣어둔다. 그렇다면 머리, 즉 골은 이런 일들을 어떻게 해서 오랫동안 머리에 담아 주는 것일까. 그리고 그것은 언제까지 보존할 수 있는 것일까. 이러한 기억들은 어떻게 해서 머릿속에서 다시 되살려 내는 것일까?

이 문제는 매우 흥미진진한 수수께끼로, 아직까지 분명한 해답이나 설명이 나오지 않고 있다.

학자와 의사들이 생각해 내고 있는 정도는 여러 가지 방법으로 분류되고, 종류별로 구분되면서 흥미 있게 펼쳐지고 있지만, 완전한 것에는 이르지 못했다. 우리가 지난 일을 기억하고 되살려 내는 데는 중요한 구실을 한다고

여겨지는 방법들이 상당히 많이 알려져 있을 뿐이다.

기억이라는 것은 배운 것과 실제로 경험한 일들을 마음속에, 즉 머릿속에 간직해 두는 능력을 가리킨다. 그 사람한테서 일어난 일은 모두 그 사람의 골속에다가 어떤 종류의 자국 또는 기록으로 정리된다.

이 기록은 그 뒤 비슷한 경험을 한다든지, 유사한 일에 부딪치게 될 때마다 다시 기억해 내게 된다. 그래서 똑같은 일을 돕거나, 실패를 하지 않도록 주의를 하게 된다.

한번 기록된 기억은 똑같은 일을 되풀이 하면 좀처럼 사라지지 않는다. 그러나 그런 일들이 다시 기록되지 않으면 차차로 사라져 버리게 된다.

지난 일을 생각해 내는 방법은 여러 가지가 있다. 그 하나는 재생이라는 것이다.

예를 들면, 누구든지 어떤 모임에 참석했다고 치

자, 그런 뒤 얼마 지나 다른 사람으로부터 그날 모음에 누구누구가 나왔었느냐는 질문을 받으면, 참석했던 사람의 이름과 생김새 따위를 생각해 내려고 당시를 더듬는다. 이것이 기억의 재생이다.

재인이라는 방법도 있다. 이는 지난 일을 더듬어 다시 확인하는 것이다. 가령 '그 날 모임에 김길동은 없었나' 할 때 '아, 왔었지' 하는 대답을 하는 경우이다. 생각은 나지 않았으나, 길을 가다가 우연히 만났을 때 '저 사람도 그날 모임에 있었지' 하고 기억해 내는 일들이 재인이라는 것이다.

그러나 재생은 재인보다 더 어렵다. 예를 들어 선생님이 "내가 지난주 무슨 이야기를 했는지 아는가?"라고 질문했을 때, 금방 그 당시를 소상하게 대답하기는 어렵다. 하지만 선생님이 다시 보충 질문을 통해 "그 때 아마도 나폴레옹 이야기를 했었지"라고 한다면 쉽게 당시를 떠올릴 수 있는 것이다. 또 한 가지 지난 일을 생각해 내는 방법은

이미지에 의하는 것이다. 지난여름 방학 때 등산 했던 일이나, 해수욕을 즐긴 일을 생각해 내려고 할 때, 우선 시원한 바람이나 푸른 파도가 생각날

것이다.

이때는 마음의 눈으로 그 때를 한번 그려보면서 여러 가지 있었던, 일들을 생각하게 된다. 이런 것을 시각적인 마음의 상이라고 한다. 마음의 눈 즉 마음속 눈(심안)은 영국의 시인 워즈워드의 말처럼 지난 일, 오랜 생각을 다시 더듬어 보게 하는 힘을 갖는다.

레코드나 음악 연주회를 관람한 뒤 마음속으로 또 한 번 똑같은 것을 만나게 된다면 이때는 청각적인 마음의 상이 생긴다.

이럴 때에 생기는 경험들이 마음속에 연결되는데 이를 연상이라고 한다. 연상된 일을 재생 또는 재인하면 이와 동시에 다른 일도 기억해 낼 수가 있다.

신비의 결정체인 눈

우리의 눈은 가장 정밀한 사진기와 같다고 하는 사람이 있는가 하면, 우리의 시각은 텔레비전과 같다고 보는 사람들도 많다.

사람의 눈은 비디오, 카메라와 흡사하여 아무데나 향하는 곳의 광경이 망막에 투사되고, 그 반영된 영상이 시신경의 전파로 바뀌어 큰 골로 보내진다.

이 영상이 마치 텔레비전 화면처럼 큰 골 안에

다시 반영되면 이것은 빨강이오, 저것은 파랑이며, 이것은 내동생의 방긋방긋 웃는 얼굴이다 하고 모든 것을 알게 된다.

사람의 시각은 그렇게 간단한 기구가 아니다. 눈알에 렌즈가 있고, 렌즈가 초점을 맞추어 들어오는 바깥 광경의 광선을 망막에 투사하는 데까지는 카메라의 원리와 흡사하다. 그러나 우리의 눈은 텔레비전의 흡사 점이 여기서 그치고 그 다음부터는 기계도 따라올 수 없다.

망막에 투사되는 광선은 막대기 모양의 간상세포와 원뿔모양의 원추 세포 안에 있는 붉은 자색 색소인 시홍소가 탐지한다.

빛의 입자, 즉 광자 하나가 이 시홍소에 들어가면, 시홍소 분자는 틀려서 비타민 A와 비슷한 분자로 되돌아간다. 이 절차를 시홍소는 광자에 의해 표백된다고 한다.

정확하게 바꾸어 설명하면 이보다 더 복잡한 설명이 된다. 그러나 이것은 전문적인 연구 분야에서 쓰인다.

광선을 받아들이는 구멍이 바로 눈동자이다. 이 광선을 굴절시켜서 상을 맺게 해 주는 것이 렌즈이고, 그 상이 맺히는 필름이 망막인 것이다.

눈은 공처럼 생기고, 앞쪽이 약간 두드러졌다. 이렇게 두드러진 한 복판에 눈동자가 있다. 눈동자는 눈 안쪽 캄캄한 곳을 향하여 열려있기 때문에 바깥에서는 까맣게 보인다.

빛은 눈동자를 통하여 들어간다. 렌즈는 광선을 굴절시켜 이것을 눈동자 뒤쪽 면에 맺게 한다. 거기에는 카메라의 필름 구실을 하는 세포가 빽빽하게 붙어 있다. 이것이 바로 망막이다.

눈동자 둘레에는 조리개가 있다. 이 조리개는 검정색 · 갈색 · 청색 따위 색깔이 있다. 이 조리개는 사진기의 조리개처럼 열렸다 닫혔다 한다. 바깥쪽에서 강한 광선이 들어오면 작은 힘살이 조리개를 부풀게 한다. 따라서 눈동자가 작아지고, 그 만큼 눈 안에 들어가는 광선이 줄게 된다.

이와 반대로 눈에 들어오는 광선이 어두우면 눈동자가 커져서 많은 광선을 받아들인다.

눈 전체는 아주 질긴 막으로 덮여 있다. 백안이

라고 하는 흰 부분이 바로 그것이다. 그리고 안쪽으로 두드러진 투명체를 각막이라고 한다.

각막과 조리개 사이에는 소금기가 많이 포함된 액체가 괴어 있다. 이것은 렌즈와 같은 모양을 하고 있으며, 실지로는 광선을 굴절시키는 일을 한다. 눈동자 뒤에는 또 하나의 렌즈가 있다. 이것을 수정체라고 한다. 수정체는 물건의 상을 맺게 하는 데에 가장 중요한 일을 한다.

수정체는 힘살의 움직임으로 그 모양이 달라진다. 그때그때에 따라 얇아지거나 두꺼워지거나 하는 것이다. 가까운 것을 볼 때는 가운데 부분이 두꺼워지고, 초점거리가 짧아지지만, 먼 곳에 있는 것을 볼 때는 가운데 부분이 얇아지면서 초점 거리가 멀어진다.

밝은 곳에 있다가 어두운 곳으로 들어가면 잘 안 보이는 것은 눈동자가 갑자기 커지지 않기 때문이다. 눈동자가 커지면서 어두운 곳에서 물체들이 보이게 된다.

반대로 어두운 곳에서 갑자기 밝은 곳으로 나가도 마찬가지이다. 미처 눈동자가 작아지지 않기 때문이다.

시홍소에서 오는 신호를 망막에 있는 신경 회로를 처리한 연구로 노벨상을 받은 과학자들이 있다.

깜짝거리는 눈과 눈물

얼굴뼈 안에는 눈구멍이라고 하는 구멍이 있다. 이 속에 물건을 바라볼 수 있는 도구가 모두 들어 있다.

눈꺼풀 뒤에는 눈알이 있고, 그 뒤에는 보기신경이 있으며, 눈알 주위에는 안근이라고 하는 힘살이 있어, 이 힘살의 작용으로 눈알이 상하 좌우로 움직인다.

눈알은 눈 가운데서도 가장 중요한 곳으로 눈알

이 하는 일을 돕거나 보호하기 위해서 눈썹, 속눈썹, 눈꺼풀, 눈물을 내는 기관, 눈의 힘살 등이 있다.

눈물샘에서 흘러나오는 눈물은 슬플 때에만 나오는 것이 아니라, 늘 조금씩 흘러 나와 눈알의 표면이 마르지 않도록 보호한다. 또 먼지나 피가 들어갔을 때에는 씻어내는 역할도 한다.

비가 오는 날 자동차를 타고 가면, 유리창을 닦는 와이퍼를 작동시킨다. 사람의 눈꺼풀이 깜짝거리는 것은 말하자면 비오는 날 자동차의 와이퍼와 같은 것이다.

그러나 아무리 정밀하고 정확하게 만든 자동차의 와이퍼도 사람의 눈꺼풀에 비하면 그 성능이 너무나 뒤떨어진다.

원래 사람의 눈꺼풀은 힘살에 따라서 자유롭게 여닫히게 된 들창과 같은 것이다. 이 눈꺼풀이 깜짝이는 속도는 굉장히 빠르기 때문에 우리가 무엇을 보는 데에 조금도 지장을 받지 않는다.

게다가 자동차의 와이퍼처럼 반복해서 저절로 움직인다.

사람의 눈은 평소에 보통 6초 만에 한 번씩 깜짝인다. 이런 계산일 때 우리는 일생 동안 2억 5,000만 번이나 눈을 깜짝거리며 떴다 감았다 하는 셈이 된다.

그렇다면 우리가 눈을 깜짝거리는 일은 어째서 중요한가.

이 질문에 대한 결론부터 말하자면, 눈을 깜짝이는 동안 몇 가지의 방법으로 눈을 보호하고 있는 것이다.

우선 눈꺼풀에 나있는 속눈썹과 협력하여 밖으로부터 들어오는 먼지를 막는다.

예를 들어 비가 억수같이 쏟아지는 날, 혹은 먼지가 심하게 불어오는 날, 길을 걸어가려면 눈꺼풀이 저절로 닫히게 마련이다. 그러면 속눈썹이 빗방울이나 먼지 같은 것이 못 들어오도록 꼭 막아 버리는 것이다.

눈 위에 울타리 보호벽처럼 나 있는 눈썹은 이마에서 흘러내리는 빗방울 또는 땀방울을 막아 옆으로 흘러내리게 하여 직접 눈으로 들어가는 것을 막아 준다.

그러나 눈을 깜짝거리는 가장 중요한 이유는 첫

째 속눈썹에 기름기를 발라주어 매끈매끈하게 하는 일과, 둘째는 눈동자를 항상 축축하게 적셔 주는 일, 셋째는 눈 속으로 들어간 먼지나 다른 물질을 씻어 내는 일이다.

눈꺼풀의 위쪽과 아래쪽 가장자리에는 아주 작은 지방선이 20~30개가 붙어 있다. 이 지방선은 속눈썹 사이사이에서 입을 벌리고 있다. 눈꺼풀이 깜짝일 때마다 지방선에서는 분비물이 나오게 마련이다. 이 분비물이 눈꺼풀 가장자리와 속눈썹 사이에 자연적으로 퍼져서 우리의 눈이 항상 마르지 않고 매끈매끈한 윤기를 가지게 되는 것이다.

눈에 먼지나 연기가 들어가면 눈물이 나는 이유는 2가지가 있다. 그 하나는 물리적으로 눈물샘이 나오는 것이고, 다른 하나는 눈을 자극하는 화학적인 작용인 것이다.

연기의 크기는 보통 10만분의 1㎜~1000분의 1㎜정도로 다양하다. 담배 연기가 이중에서 작은 편에 속한다. 석탄 · 밀가루 · 시멘트와 같은 먼지는 지름이 100분의 1㎜ 정도가 된다. 이런 먼지가 눈에 들어가면 눈이 아프기 전에 숨부터 막히게 되지만, 불에서 나오는 연기는 처음에 눈이 아프고 다음에 눈물이 나온다.

이런 외부적인 요소로부터 눈을 보호하고, 눈의 기능을 원활하게 하고자 쉴 새 없이 깜짝거린다.

사람의 눈과 물체의 상

사람의 시각은 매우 발달하여, 오랜 옛날부터 이 예민한 감각에 의지하며 살아왔다.

만일 인류가 눈이 없는 생물로 진화하여 자기 둘레를 둘러보지 못했거나, 푸른 하늘의 끝없는 우주 공간과 밤하늘의 장관을 보지 못하였다면 과학의 역사와 함께 인류의 역사도 퍽 달라졌을 것이다.

그러나 우리가 물체를 볼 수 있다는 것은 오랜

진화의 역사를 지닌 시각 조직의 결과라는 것을 생각해야 한다.

인간의 기억, 상상력, 상징적 의미는 모두 볼 수 있다는 시각적 경험의 토대위에서 가능했고 발전됐으며, 놀라운 문명을 탄생시킨 것이다.

사람의 눈을 흔히 사진기에 비유한다. 그렇다면 정상적인 사람의 경우, 눈이 2개니까 거기에 비치

는 상도 2개로 보여야 하지 않을까. 그런데 2눈으로 보아도 물체의 상은 이상하게 하나로만 보인다.

왜 그럴까.

이 대답을 하기 전에 먼저 실험을 통해 보자. 어떤 물건을 앞에 놓고 관찰할 때 2개의 눈동자는 어떻게 될까. 2 사람이 실험해 보면 상대의 눈을 금방 알 수 있다.

이렇게 가까운 곳의 물체를 열심히 들여다 볼 때에는 틀림없이 양쪽 눈이 모두 그 하나의 물건을 향하게 된다.

예를 들어 손가락 1개만 코앞에 세우고 똑바로 바라보게 한다. 그리고 그 손가락을 왼쪽, 오른쪽으로 왔다갔다 움직이거나 멀리했다 가까이 가져왔다 하면 그것을 바라보는 사람의 양쪽 눈은 손가락 움직임에 따라 같이 빙빙 돈다. 한쪽 눈만 움직이는 일은 절대로 없다. 이것은 눈으로 물체를 볼 때는 보는 그 물체의 상이 눈 한복판에 비치도록 눈이 움직이기 때문이다.

말하자면, 어떤 하나의 물체를 양쪽 눈으로 볼 때는 그 상이 눈 한복판에 비치게 되어 있기 때문이다. 따라서 오른쪽과 왼쪽 눈에 비친 물체의 상은 똑같은 것이다.

냉정하게 따진다면 좌우 눈동자의 거리가 어른의 경우 보통 60㎜ 이상 되기 때문에, 이때 오른쪽에 비친 상과 왼쪽 눈에 비친 상이 아주 똑같을 수는 없다. 또 두 눈의 시력 차이도 조금씩은 있다.

다시 말하면 같은 상이지만 어딘가는 조금씩 다른 것이 보통이다. 한쪽 눈을 감고 볼 경우 오른쪽 눈으로 보면 가까이 있는 물건이 먼 곳에 있는 물체보다 약간 왼쪽으로 기울어져 있듯이 보인다. 또 왼쪽 눈만 가지고 보면 그 반대로 오른쪽으로 다가서 있듯이 보이는 것이 보통이다.

그렇게 보이는 물체를 두 눈으로 동시에 볼 때는

신경을 통하여 골에 전해진다. 이때 골의 작용이 생겨서 두 개의 상이 겹쳐진다. 이래서 결국은 하나의 상으로 보이는 것이다.

한쪽으로만 볼 때는 평면적으로 보이나, 두 눈으

로 동시에 보면 물체가 입체적으로 보이는 것도 이 때문이다.

이와 같이 골의 작용에 따라서 마치 2장의 그림을 하나로 겹쳐 놓은 것처럼 보이기 때문에 만약 오른쪽 눈에 비친 상과 왼쪽 눈에 비친 상이 너무 다르면 2개의 상이 잘 겹쳐지지 않게 된다.

지금 어떤 물체를 보면서 손가락으로 한쪽 눈을 가리거나, 눈꺼풀을 크게 들어 열면, 그 쪽 눈의 방향이 달라져 상이 움직이면서 하나가 둘로 보이게 된다.

사람의 두 눈이 함께 움직이는 것은 물체를 하나로, 입체로 보는 것 외에도 멀고 가까움의 원근을 판단하는 중요한 방법이 된다.

가까운 곳의 물체를 보기위해 양쪽 눈의 시선을 중심에 모아야 하는데 그러기 위해서는 근육이 긴장하게 된다. 이 긴장하는 정도로 거리의 원근을 알 수 있다.

색깔 구별과 색맹

자연 속에는 아름다운 색깔들이 많다. 최근에는 사진기의 발달로 컬러 사진들을 쉽게 찍는다. 사진기로 컬러 사진을 찍어내는 것은 물리적 화학적 과정에 따른 것이다. 그러나 우리가 빛깔을 보는 것은 심리적인 경험이다.

눈에 예쁜 색깔이 보이는 것은, 우선 눈에서 골에 신호가 전달돼야만 한다. 우리의 눈은 모든 색깔을 있는 그대로 분간해서 느끼도록 되어 있다.

눈의 각막에서도 그 가운데 있는 세포가 색깔을 구별할 수 있다.

그러나 우리의 눈이 어떻게 해서 색깔을 구별하는지에 대해서는 아직도 확실하게 설명할 수가 없다.

몇 가지의 간단한 학설은 있다. 그것은 눈에는 3종류의 신경이 있는데, 그것들이 빨강 · 노랑 · 파랑의 3가지 색깔을 느낀다는 것이다.

이 3가지 신경이 모두 같은 정도로 자극을 받으면 3가지 색깔이 섞인 흰색으로 보인다.

녹색 광선이 들어오면 녹색을 느끼는 신경이 다른 신경보다 강한 자극을 받아 녹색으로 보인다. 노란색의 경우는 녹색과 빨간색의 신경이 모두 자극을 받아 그 2가지의 색깔을 섞은 노란색으로 보인다.

이렇게 3가지의 신경이 자극을 받으면서 여러 가지 색깔의 감각이 생기는 것이다.

광선의 색깔은 빨강 · 노랑 · 파랑 등의 여러 가지가 섞여서 된 것이다. 눈의 망막에 있는 원뿔 세포는 빨강 · 노랑 · 파랑들을 제각기 느낀다. 따라서 우리의 눈은 모든 색깔을 자유스럽게, 있는 그대로 볼 수 있다.

그러나 색맹인 사람의 경우는 그렇지가 못하다.

그런 사람의 눈에 들어오는 광선은 건강한 사람의 눈과 달리, 빨간 광선이 눈에 들어와도 그 빨간 색깔을 느끼는 원뿔 세포뿐 아니라, 녹색을 느끼는 세포마저도 자극한다. 녹색 광선 역시 빨간색을 느끼는 세포를 동시에 자극한다.

이렇게 되면 그 사람은 빨강과 노랑을 구별하지 못하고 만다. 모두 약간 노란색이 섞인 듯 하다 회색으로 보이게 된다. 이런 경우는 빨강과 노랑만의 색상이므로 적록색명이라고 부른다. 이런 사람은 노랑 · 보라 · 파랑들은 구별한다.

광선의 밝기에 따라 빨강과 녹색을 어느 정도 구별할 수 있다. 이 때문에 일상생활에는 그다지 불편함을 느끼지 않는다.

다만 교통 신호의 빨강 · 노랑의 색깔이 확실하게 구별되지 않으므로, 자동차 따위를 운전하는 일은 못하게 된다.

우리들의 눈에서 처리한 그림이 큰골의 시각에 어떻게 전달되는가 하는 것이 문제이다.

눈에서 처리된 영상을 텔레비전 화면의 그림마

냥 점 하나씩, 차례로 큰골에 보내어 골속의 스크린에 다시 영사되는 것이 아니다.

눈의 망막 시신경의 조직은 여러 겹의 복잡한 회로 조직이 있어, 영상의 형태와 색깔, 결 따위를 미리 처리하여 큰골에 보낸다.

예를 들면 물체가 직선이다, 곡선이다, 이 선의 각도는 몇 도쯤 치우쳐 있다, 네모난 면적이 온통 빨간색뿐이다, 흑백의 바둑판 모양이다 등등의 정보 처리를 하여 골에 송신하는 것이다.

반쪽은 하얗고, 반은 검은 벽을 보았을 때는 시각은 어디가 하얗고 어디가 검은가만 분간하는 것이 아니라, 두 가지 영역의 경계선을 분석한다. 그리고 그 경계선이 갑작스런 색깔의 변화인지, 그렇지 않고 부드럽게 변화하는지도 분간한다.

눈에 보이는 아름다운 색깔들은 예술에서 더욱 강하게 표현된다. 클레이라는 화가는 이런 말을 남겼다.

"화가란 눈에 보이는 것만 화폭에 담는 것이 아니라, 오히려 눈에 보이지 않는 것을 보이게 해야 한다."

2012년 1월 10일 인쇄
2012년 1월 15일 발행
엮은이 대한과학진흥회
펴낸이 신 주 황

펴낸곳 스완미디어
등록 제2-4534호
주소 서울·중구 만리동1가12-33 대영빌딩
대표전화 02) 393-0026
팩스 02) 312-8349

값 8,500원